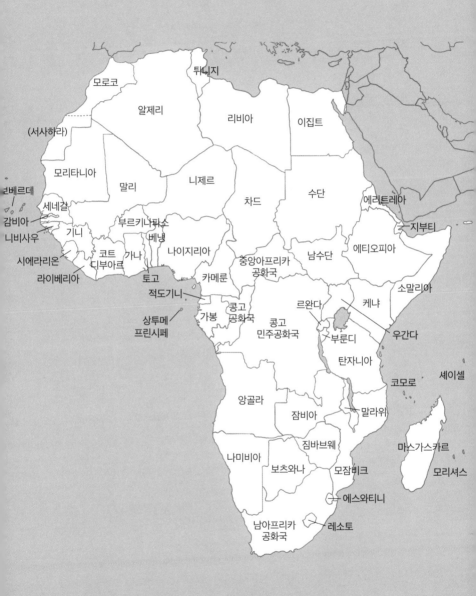

있는 그대로 에티오피아

나의 첫 다문화 수업 08
있는 그대로 에티오피아

초판 1쇄 발행 2023년 3월 10일

지은이 이상일, 박한나, 이아라

기획편집 도은주, 류정화
SNS 홍보 · 마케팅 박관홍
표지 일러스트 엄지

펴낸이 윤주용
펴낸곳 초록비책공방

출판등록 2013년 4월 25일 제2013-000130
주소 서울시 마포구 월드컵북로 402 KGIT 센터 921A호
전화 0505-566-5522   팩스 02-6008-1777

메일 greenrainbooks@naver.com
인스타 @greenrainbooks @greenrain_1318
블로그 http://blog.naver.com/greenrainbooks
페이스북 http://www.facebook.com/greenrainbook

ISBN 979-11-91266-73-3 (03930)

어려운 것은 쉽게 쉬운 것은 깊게 깊은 것은 유쾌하게

초록비책공방은 여러분의 소중한 의견을 기다리고 있습니다.
원고 투고, 오탈자 제보, 제휴 제안은 greenrainbooks@naver.com으로 보내주세요.

있는 그대로
에티오피아

이상일, 박한나, 이아라 지음

초록비책공방

아프리카를 알리기 위한 숨은 노력과 애정

장용규(한국외국어대학교 아프리카학부 교수)

'9,219. 1951. 6,037. 1963'

이 숫자들은 우리나라와 에티오피아와의 관계를 보여주는 수치이다. 인천에서 에티오피아 수도 아디스아바바까지 항공 거리 9,219킬로미터. 한국전쟁 당시 아프리카에서 유일하게 군대를 파병해준 에티오피아의 지상군은 6,037명. 1963년 공식 외교 관계 수립. 우리나라와 에티오피아와의 관계는 생각보다 길고 깊다. 첫 인연은 한국전쟁으로 에티오피아는 조건 없이 지상군을 파견했고 적지 않은 에티오피아 군인이 낯선 타국 땅에서 명을 달리했다. 이후 한국과 에티오피아 정부는 1963년에 정식으로 외교 관계를 맺었고 '형제의 나라'라고까지 칭할 만큼 긴밀한 외교 관계를 맺고 있다.

에티오피아는 아프리카 대륙에서 유일하게 식민 지배를 받지 않은 국가이다. 19세기 말과 20세기 초, 이탈리아가 에티오피아를 일시적으로 점령했지만 식민지로 만들지는 못했다.

4

그런 이유로 에티오피아는 1960년대 신생 아프리카 독립국과 아프리카 디아스포라에게 자긍심을 주는 국가였다. 이에 대한 경외심으로 아프리카의 여러 신생 국가는 풍요를 상징하는 녹색, 희망을 상징하는 노란색, 희생을 상징하는 붉은색을 국기의 삼색으로 사용하는 에티오피아 국기를 모티브로 삼아 자국의 국기를 만들었다.

에티오피아는 이집트와 더불어 아프리카 대륙에서 가장 깊은 역사와 문화적 풍요로움을 갖고 있다. 비록 에티오피아 대부분의 사람은 물질적으로 큰 여유가 없지만 이들의 역사·문화적 자긍심만큼은 넉넉하다. 또한 에티오피아는 종교성이 강한 곳이다. 초기 기독교가 뿌리내린 곳으로 유럽의 기독교보다 훨씬 긴 역사를 가지고 있으며 이슬람 창시자 모하메드의 첫 전령인 빌랄*Bilal*도 에티오피아 출신이다.

에티오피아의 자존심은 커피에도 있다. 에티오피아가 커피의 고향이라는 사실을 모르는 사람은 별로 없을 것이다. 에티오피아의 커피 문화는 우리와는 아주 다르다. 커피머신으로 추출해 커피를 마시는 우리와 달리 에티오피아는 원두를 갈아서 한약 달이듯 끓여 찻잔에 따라 마신다. 에티오피아 커피는 말 그대로 정신이 확 깨는 각성제이다.

에티오피아는 생각보다 가깝다. '아프리카'는 막연히 먼 곳에 있다고 생각하기 쉽지만 한국에서 에티오피아까지 걸리는 비행시간은 직항으로 12시간 남짓. 한국에서 미국까지 가는 시간보다 짧다. 그런데도 왠지 에티오피아는 아프리카에 위치해있어서 심리적으로 멀게 느껴진다. 이런 심리적 거리를 줄이려면 에티오피아에 대한 정확한 정보가 필요하다. 그런 의미에서 에티오피아에 대한 정확한 정보가 담긴 이 책이 도움이 될 것이다.

〈있는 그대로 에티오피아〉는 에티오피아를 쉽게 알려주는 책이다. 저자들은 일찌감치 아프리카에 애정을 갖고 국내에 아프리카를 알리려는 노력을 해왔다. 이번 책도 그런 노력의 일환이다. 직장을 다니면서 글을 쓴다는 것이 얼마나 어려운 일인지는 당사자가 아니면 알기 어렵다. 아프리카를, 에티오피아를 우리에게 알리려는 저자들의 노력에 경의를 표한다.

경험을 통해 전해주는 생생한 정보

김경만(아디스아바바대학교 바이오메디컬공학과 교수)

에티오피아는 달력과 시간을 우리와는 다르게 쓰는 아주 동떨어진 나라이다. 봉사 단원으로 에티오피아에 살면서 직접 느끼고 경험한 것들을 저자들은 이 책에 '있는 그대로' 담았다.

문화, 정치, 경제, 교육, 역사 등의 다양한 정보를 담은 이 책을 통해 여러분은 에티오피아를 좀 더 가까이 이해하게 될 것이다. 에티오피아를 알고자 하는 사람, 오고자 하는 사람에게는 꼭 읽어야 할 필독서일 것이며 에티오피아에 사는 사람에게도 생활에 도움이 되는 유용한 책이 될 것이다.

신선한 반전과 매력이 넘치는 나라

지금 이 책을 펼쳐든 당신이 생각하는 아프리카 대륙은 어떤 모습인가? 당신은 어떤 에티오피아를 상상하고 있는가? 이 책을 통해 알아갈 에티오피아는 신선한 반전이 있고 어쩌면 경이로움을 느낄 만큼 매력이 넘치는 나라라고 자신한다. 한마디로 에티오피아는 '단 한 번도 식민 지배를 당하지 않은 국가', '솔로몬의 후예' 등 다양한 수식어로 표현되는 매력적인 나라이다.

에티오피아의 국기에서 유래한 범아프리카색

에티오피아 국기에는 에티오피아에 대한 다양한 사실이 담겨있다. 먼저 에티오피아의 초기 국기부터 사용된 세 가지 색의 의미를 살펴보자.

빨강, 노랑, 초록 이 색들은 비단 에티오피아뿐 아니라 아프리카 대륙 내 여러 나라의 국기에서도 심심치 않게 볼 수 있다. 실제로 이 색의 조합은 '범아프리카색*Pan African Color*'이라고 불리며 아프리카 대륙을 대표하는 색으로 사용되고 있다. 에티오피아 국기에서 유래한 이 색의 조합을 많은 아프리카 국가가 자국 국기의 모티브로 삼았기 때문이다.

에티오피아는 수많은 아프리카 국가가 식민 지배를 당했던 제국주의 시대에도 독립을 유지했다. 그리고 이는 에티오피아를 넘어 아프리카 대륙의 긍지로 여겨지고 있으며, 이러한 이유로 아프리카의 많은 국가가 범아프리카색을 활용한 국기를 보유하고 있다. 범아프리카색을 국기에 차용한 나라는 1957년 이 색을 처음 국기에 반영한 가나를 포함해 남아프리카공화국, 세네갈, 짐바브웨, 토고 등이 있다.

역사의 중요한 순간을 기록해놓은 에티오피아 국기

에티오피아 국기의 변천사를 살펴보면 에티오피아 역사의 중요한 순간들을 엿볼 수 있다. 뒤 페이지의 두 번째에 있는 에티오피아 국기는 1897~1974년까지 에티오피아 제국에서 사용되었다. 이 국기에는 범아프리카색과 더불어 십자가 깃대를 들고 있는 사자가 중앙에 위치해있는데 이는 에티오피아 역사의 근간이 되는 기독교 문화와 관련이 깊다.

사자는 에티오피아 솔로몬 왕조를 상징하는 문양이다. 에티오피아 사람들은 솔로몬과 시바의 여왕 사이에서 태어난 이가 그들의 초대 황제라고 믿는다. 이러한 일화는 에티오피아 정교회를 중심으로 한 유구한 기독교 역사와 그들의 삶 곳곳에 뿌리내리고 있는 기독교 생활 양식에 많은 영향을 주었다.

세 번째 국기는 1987~1991년까지 사용되었던 에티오피아 국기이다. 앞선 국기와 마찬가지로 범아프리카색이 쓰였지만 가운데 문양은 십자가를 든 사자에서 사회주의를 상징하는 문양으로 바뀌었다. 이 시기는 에티오피아의 근대화 시점에 매우 부정적인 영향을 끼쳤다고 평가되는데 군부 쿠데타가 일어나 에티오피아가 사회주의 정권 아래 있을 때였다.

네 번째 국기가 바로 지금의 에티오피아 국기이다. 가운데 위치한 별은 '다윗의 별' 또는 '솔로몬의 별'이라고 불리는 에티오피아의 국장이다. 에티오피아에 깊게 뿌리 내린 기독교의 영향과 이에 대한 에티오피아 사람들의 자긍심을 느낄 수 있다. 이 별은 에티오피아의 단결과 번영을 상징하며 그 주위의 빛줄기는 국민과 종교의 평등함을 상징한다. 이를 통해 에티오피아 사람들은 찬란한 기독교 역사를 바탕으로 자신들의 밝은 앞날을 염원한다는 사실을 알 수 있다.

다양한 매력을 지닌 에티오피아

에티오피아는 신선한 반전과 매력이 넘치는 나라이다. 최초의 인류가 살았던 지역이자 기독교 역사의 정수를 보여주는 자긍심 넘치는 역사를 보유한 국가. 고유의 문자, 고유의 식문화, 고유의 미술 양식 등 에티오피아만의 독창성을 자랑하는 화려한 문화까지. 앞으로 이어질 내용을 통해 다채로운 빛깔을 보유한 에티오피아를 좀 더 자세히 알아보도록 하자.

차 례

1부 쌀람 노! 에티오피아

2부 에티오피아 사람들의 이모저모

5부 여기를 가면 에티오피아가 보인다

퀴즈로 만나는
에티오피아

다음의 퀴즈는 이 책을 보기 전에 알아두면 좋을 에티오피아에 대한 가장 기본적인 정보이다. 정답을 다 맞히지 못하더라도 퀴즈를 풀다 보면 에티오피아에 대한 호기심이 조금씩 생길 것이다.

Q1.

에티오피아, 소말리아, 지부티를
포함한 동부 아프리카의 지역으로
특정 동물의 모양을 닮아 붙여진
이 지역을 일컫는 말은
무엇일까요?

Answer. 아프리카의 뿔

에티오피아가 속한 동부 아프리카 지역은 코뿔소의 뿔을 닮아서 '아프리카의 뿔'이라고 부른다. 에티오피아는 아프리카의 뿔 중간에 위치한 내륙국으로 위로는 수단, 에리트레아, 지부티가 접해있고 아래로는 남수단, 케냐, 소말리아 등과 접해있다.

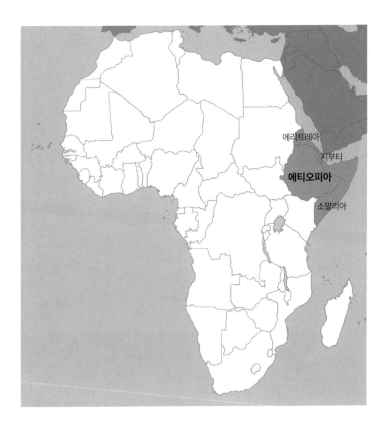

Q2.

"

에티오피아의 수도로
'새로운 꽃'이라는 의미를 지닌
도시는 어디일까요?

"

Answer. 아디스아바바

아디스아바바는 암하릭어로 '새로운'을 뜻하는 아디스와 '꽃'을 뜻하는 아바바가 합쳐진 단어이다. 해발 2,000미터가 넘는 고원 지대에 위치한 도시이며, 에티오피아의 정치·경제·사회·문화의 중심지 역할을 하는 대도시이다.

Q3.

커피를 처음 발견한
에티오피아 전설 속 목동의 이름은
무엇일까요?

Answer. 칼디

커피 음료를 처음 발견했다는 에티오피아 전설 속 주인공이다. 에티오피아의 가장 큰 커피 프랜차이즈 이름 또한 이 목동의 이름을 딴 '칼디스 커피'이다.

Q4.

한국전쟁 당시 에티오피아에서
파병한 전투 부대의 이름은
무엇일까요?

❶ 이기자부대   ❷ 강뉴부대
❸ 시바부대   ❹ 아비시니아부대
❺ 솔로몬부대

Answer. ❷ 강뉴부대

한국전쟁 당시 에티오피아 제국에서 한국에 파병했던 전투 부대의 이름은 '강뉴부대'이다. 강뉴는 '혼돈에서 질서를 확립한다'는 뜻이다. 이 이름처럼 강뉴부대는 한국전쟁에서 한 번도 패하지 않고 용맹하게 전투에 임했다고 한다.

Q5.

에티오피아를 상징하는 동물로
에티오피아의 국기에도 그려진
이 동물은 무엇일까요?

❶ 독수리 ❷ 소 ❸ 코끼리
❹ 사자 ❺ 호랑이

Answer. ❹ 사자

에티오피아를 상징하는 동물로 사자는 구약성서에서 유래된 '유다의 사자'를 표현한 것이다. 에티오피아 사람들은 사자를 뜻하는 '암바싸'라는 표현을 실생활에서도 자주 사용하는데 우리나라 표현으로 치면 '파이팅'과 같은 의미이다.

1부
쌀람 노!
에티오피아

Our Ethiopia, live! And let us be proud of you!

– 에티오피아 국가

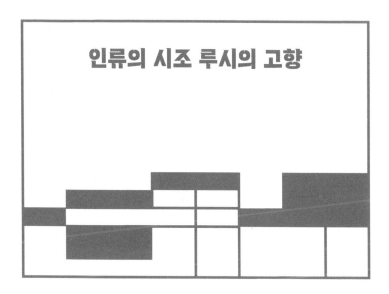

인류의 시조 루시의 고향

〈Lucy in the sky with diamonds〉는 1974년 에티오피아 북부 아파르 지역의 하다르에서 도널드 요한슨*Donald Carl Johanson* 박사가 이끄는 고고학 발군단이 즐겨 듣던 비틀즈의 노래이다. 이 노래의 제목은 역사상 가장 오래된 인류 화석인 '오스트랄로피테쿠스 아파렌시스'라는 학명이 붙은 유골의 이름 '루시*Lucy*'의 유래가 되었다.

초기 인류 모습의 완벽한 재현

루시는 무려 320만 년 전 인류의 화석이다. 루시의 발굴 이

● 루시의 유골

전에는 300만 년 이상된 인류의 흔적이 발견된 적이 없다. 루시의 뼈가 발견되고 탐사단들은 2주간의 작업을 통해 여러 개의 뼈 조각을 토대로 유골의 골격을 짜 맞추었는데 루시는 그 보존 상태가 양호해 사실상 초기 인류의 모습을 간직한 가장 완벽한 형태의 화석이 되었다.

'인류의 어머니'라는 별칭으로도 불리는 루시가 인류학에서 중요한 위치를 차지하는 이유는 오래된 화석으로서의 가치도 있지만 루시의 발견을 통해 인류가 직립 보행을 했다는 증거가 밝혀졌기 때문이다. 루시의 뼈를 분석하면 무릎, 발, 엉덩이 뼈 등에서 직립 보행의 흔적을 발견할 수 있다.[1]

인류의 고향인 동아프리카 대지구대

루시의 발견이 중요한 또 다른 이유는 루시의 발견으로 에티오피아가 속한 동아프리카 대지구대_Great Rift Valley_에 대한 고인류학자들의 관심이 높아졌다는 것이다. 지구의 지각은 크게 열두 개의 지각판으로 이루어져 있는데 판의 경계로 대륙이 갈라지는 곳 중 하나가 바로 에티오피아가 속한 동아프리카 대지구대 지역이다.

이곳에서는 지진과 화산 활동이 여전히 활발히 일어나고 있으며 새로운 해양 지각도 계속 생겨나고 있다. 동아프리카 대지구대는 세계 최대의 지구대로 동부 아프리카를 6,000킬로미터 이상 남북으로 가로지르며 요르단에서 모잠비크까지 이어져 있다. 아프리카에서 가장 높은 킬리만자로산(탄자니아에 위치)과 지구상에서 가장 고도가 낮은 사막인 다나킬(에티오피아에 위치)이 자리해있기도 하다.

루시의 발견 이후 이 거대한 지구대가 인류의 고향이라는 증거들이 속속 드러나고 있다. 1994년에는 에티오피아에서 440만 년 전 화석이 발견되었고 최근에는 루시가 발견된 곳으로부터 얼마 떨어지지 않은 지역에서 520~580만 년 전의 인류 화석 '오스트랄로피테쿠스 아나멘시스'가 발견되었다. 이로써 에티오피아가 모든 인류의 고향일 수 있다는 설에 신빙성이 더해졌다.

다이아몬드와 같은 소중한 발견

루시는 현재 아디스아바바에 있는 에티오피아 국립박물관에 가면 만날 수 있다. 지하 1층에 가면 그 명성과는 다르게 다소 소박하게 전시된 루시를 마주할 수 있다. 누군가 지키고 있는 것도, 화려하게 안내를 해놓은 것도 아니어서 자칫 루시를 알아보지 못하고 그냥 지나칠 수도 있다.

이곳에 덩그러니 놓여있는 루시를 바라보면 비틀즈의 노래 제목 〈Lucy in the sky with diamonds〉처럼 루시가 인류의 기원과 관련한 다이아몬드 같은 소중한 정보를 우리 후손에게 알려주기 위해 발견된 것은 아닐까 하는 생각이 든다.

● 아디스아바바 국립박물관

● 아디스아바바 국립박물관에 전시되어있는 루시 복원도

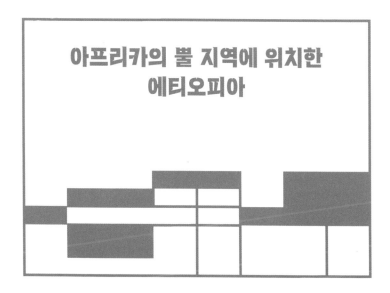

에티오피아의 위치를 표현할 때 '아프리카의 뿔'에 있다고 하는데 이는 에티오피아가 속한 동부 아프리카 지역이 코뿔소의 뿔 모양을 닮았기 때문이다. 에티오피아는 이 중에서도 바다와 접하지 않는 아프리카의 뿔 중간에 위치한 내륙국으로 위로는 수단, 에리트레아, 지부티와 접해있고 아래로는 남수단, 케냐, 소말리아와 접해있다.

뚫린 하늘길과 막힌 바닷길

지리적인 위치는 에티오피아에 많은 영향을 미쳤다. 우선

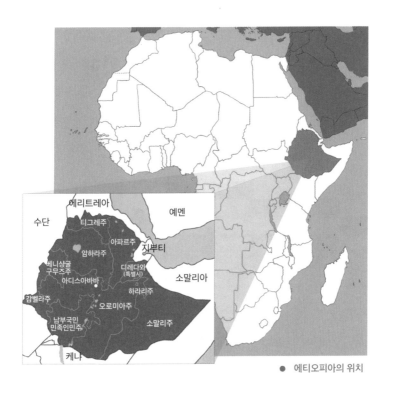

● 에티오피아의 위치

하늘길의 측면에서 에티오피아는 동부 아프리카 지역의 중
요한 허브 역할을 하고 있다. 아시아와 유럽 등에서 아프리카
에 진입할 때 중간 경유지로 거쳐가기에 매우 적절한 곳에 자
리 잡고 있기 때문이다. 이에 따라 아디스아바바에 위치한 볼
레 국제공항은 아시아, 유럽 등 타 대륙의 항공기가 다른 아
프리카 국가를 가기 위해 경유해야 하는 필수 관문으로 활용
되고 있다.

하늘길과 달리 해상 교통은 매우 답답한 상황이다. 내륙국인 에티오피아는 북쪽에 위치한 지부티 항구에 해상 화물을 전적으로 의존하고 있다. 에리트레아를 통해서도 유럽 등지에서 오는 화물을 받을 수 있기는 하지만 에티오피아에게서 분리 독립한 후 양국의 관계가 좋지 않아 에리트레아 쪽 항구는 이용하지 못하는 상황이다.

전기장판과 패딩이 필수인 에티오피아의 우기

아프리카의 뿔 지역은 적도 부근에 위치해있어 기본적으로 고온 건조하다. 하지만 이 지역은 두 개의 판이 쪼개지는 동아프리카 대지구대에 속해있어 산악 지형이 많고 적도 부근인데도 고산 기후를 보이는 경우가 많다. 에티오피아도 마찬가지로 동아프리카 대지구대의 영향을 받아 국토 대부분이 고산지대에 속하며 그중 수도인 아디스아바바는 해발 고도가 2,300미터에 달할 정도로 높은 지대에 위치해있다. 이러한 환경 덕분에 에티오피아의 날씨는 적도 부근에 있지만 온대 기후대와 비슷한 특징을 갖는다.

에티오피아는 크게 우기와 건기, 좀 더 자세하게는 온건기·대우기·냉건기·소우기의 네 계절이 있다. 아디스아바바를 중심으로 한 고원 지대는 연중 선선하다. 거의 1년 내내 한국의

● 우박이 내린 후의 풍경

봄, 가을과 같은 선선하고 온화한 날씨를 즐길 수 있다. 간혹 우기에는 기온이 섭씨 10도 이하로 내려가 패딩을 입고 다니는 사람들도 심심찮게 볼 수 있다. 에티오피아에 오는 한국인의 필수 준비물 중 하나가 전기장판이다. 밤이 되면 기온이 매우 떨어져 추위를 견디기 어렵기 때문이다.

에티오피아에서 인상 깊었던 경험 중 하나는 매섭게 내리는 우박이었다. 한국에서도 보기 어려운 우박을 아프리카의 에티오피아에서 맞을 줄은 상상도 못했다. 지붕을 쿵쾅거리며 매섭게 떨어지는 우박을 처음 겪은 날, 나는 에티오피아와 아프리카 대륙에 대해 가지고 있던 편견들이 산산조각 나는 듯한 기분을 느낄 수 있었다.

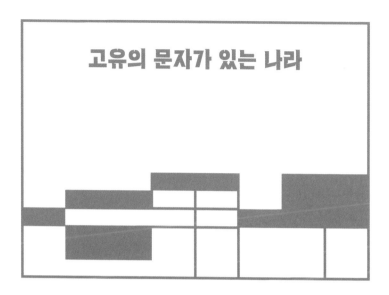

고유의 문자가 있는 나라

오늘날 아프리카 대륙에서는 약 2,000여 개의 언어가 사용되고 있지만 그중 고유의 문자를 가지고 있는 나라는 단 한 곳, 에티오피아뿐이다. 현재 에티오피아는 공용어로 암하릭어를 채택하고 있으며 이는 에티오피아 정교회의 공식 언어이기도 하다.

에티오피아의 공용어

현지 발음으로 '아마릉냐'라고 불리는 암하릭어는 현재 약 5,000만 명이 사용하는 것으로 추산된다. 암하릭어는 12세기

말부터 2020년까지 에티오피아의 유일한 공용어였지만 2020년 국가 통합 정책으로 네 개의 공용어(아파르어, 오로모어, 소말리어, 티그리어)가 추가되었다.[2]

사실 에티오피아에서 가장 많은 인구가 사용하는 언어는 암하릭어가 아닌 오로모어이다. 그런데도 암하릭어가 오랫동안 에티오피아의 대표 언어였던 이유는 에티오피아 역사상 중요한 두 명의 지도자 메넬리크 2세*Menelik II*와 하일레 셀라시에 *Haile Selassie I*가 암하라 문화를 에티오피아 전역에 강요했기 때문이다.[3] 이들은 에티오피아 내 다양한 민족집단을 통합하고 단일 국가를 건설하려는 수단으로 암하라 문화를 이용했다.

암하릭어의 뿌리

암하릭어는 주로 중동 지역과 북동부 아프리카 언어의 뿌리가 되는 셈어파에 속하는 언어이다. 암하릭어는 셈어파 중에서도 아랍어 다음으로 많은 인구가 사용하고 있다. 대부분의 셈어파는 아랍어처럼 오른쪽에서 왼쪽으로 쓰는 좌서문자이지만 암하릭어는 한글과 마찬가지로 왼쪽에서 오른쪽으로 쓰는 우서문자이다.

암하릭어는 아랍어와 뿌리가 같아 에티오피아에서 생활하다 보면 아랍어와 비슷한 단어가 많이 사용되는 것을 볼 수 있다. 집이라는 뜻의 '베트_bet_', 시간을 뜻하는 '싸아트_saat_', 목요일을 뜻하는 '하무스_hamus_' 등은 아랍어와 같은 의미를 지닌 암하릭 단어이다.

2,000여 년이 넘는 시간 동안 잘 보존되어온 암하릭어를 통해 에티오피아의 역사가 전해졌으며 이를 기반으로 에티오피아 정교회 문화가 발전되었다. 암하릭어는 문명이 발달하는 곳에 문자가 있다는 말을 증명하는 소중한 단서이다. 암하라 문자는 고대 그으즈 문자가 약간 변형된 것으로 볼 수 있다. 현재 그으즈 문자는 더 이상 사용되지 않는 사어이지만 에티오피아 정교회의 경전에서는 여전히 사용되고 있다.

에티오피아의 고유 문자, 피델

현재의 암하라 문자는 자음 33개와 모음 7개로 이루어져 있다. 한글처럼 하나의 문자에 하나의 소리가 대응하는 표음문자로 이러한 암하라 문자들을 '피델_Fidel_'이라고 부른다. 아랍어와 같은 셈어파의 언어는 글자들이 꼬불꼬불 그림 같아서 처음 보는 외국인에게는 글자의 구분이 매우 어렵게 느껴진다. 나도 에티오피아에 도착해 간판을 처음 보았을 때 암하릭어를 어떻게 배워야 할지 막막하기만 했다.

암하릭어를 제대로 읽고 쓰려면 총 300개 정도의 피델 조합

● 피델 간판

Syllables

ሀ	ሁ	ሂ	ሃ	ሄ	ህ	ሆ
ለ	ሉ	ሊ	ላ	ሌ	ል	ሎ
ሐ	ሑ	ሒ	ሓ	ሔ	ሕ	ሖ
መ	ሙ	ሚ	ማ	ሜ	ም	ሞ
ሠ	ሡ	ሢ	ሣ	ሤ	ሥ	ሦ
ረ	ሩ	ሪ	ራ	ሬ	ር	ሮ
ሰ	ሱ	ሲ	ሳ	ሴ	ስ	ሶ
ሸ	ሹ	ሺ	ሻ	ሼ	ሽ	ሾ
ቀ	ቁ	ቂ	ቃ	ቄ	ቅ	ቆ
ቈ	ቊ	ቋ	ቌ	ቍ		
በ	ቡ	ቢ	ባ	ቤ	ብ	ቦ
ቨ	ቩ	ቪ	ቫ	ቬ	ቭ	ቮ
ተ	ቱ	ቲ	ታ	ቴ	ት	ቶ
ቸ	ቹ	ቺ	ቻ	ቼ	ች	ቾ
ኀ	ኁ	ኂ	ኃ	ኄ	ኅ	ኆ
ነ	ኑ	ኒ	ና	ኔ	ን	ኖ
ኘ	ኙ	ኚ	ኛ	ኜ	ኝ	ኞ
አ	ኡ	ኢ	ኣ	ኤ	እ	ኦ
ከ	ኩ	ኪ	ካ	ኬ	ክ	ኮ
ኸ	ኹ	ኺ	ኻ	ኼ	ኽ	ኾ
ወ	ዉ	ዊ	ዋ	ዌ	ው	ዎ
ዐ	ዑ	ዒ	ዓ	ዔ	ዕ	ዖ
ዘ	ዙ	ዚ	ዛ	ዜ	ዝ	ዞ
ዠ	ዡ	ዢ	ዣ	ዤ	ዥ	ዦ
የ	ዩ	ዪ	ያ	ዬ	ይ	ዮ
ደ	ዱ	ዲ	ዳ	ዴ	ድ	ዶ
ዸ	ዹ	ዺ	ዻ	ዼ	ዽ	ዾ
ጀ	ጁ	ጂ	ጃ	ጄ	ጅ	ጆ
ገ	ጉ	ጊ	ጋ	ጌ	ግ	ጎ
ጘ	ጙ	ጚ	ጛ	ጜ	ጝ	ጞ
ጠ	ጡ	ጢ	ጣ	ጤ	ጥ	ጦ
ጨ	ጩ	ጪ	ጫ	ጬ	ጭ	ጮ
ጰ	ጱ	ጲ	ጳ	ጴ	ጵ	ጶ
ጸ	ጹ	ጺ	ጻ	ጼ	ጽ	ጾ
ፀ	ፁ	ፂ	ፃ	ፄ	ፅ	ፆ
ፈ	ፉ	ፊ	ፋ	ፌ	ፍ	ፎ
ፐ	ፑ	ፒ	ፓ	ፔ	ፕ	ፖ

Numerals

፩	፪	፫	፬	፭	፮	፯
፰	፱	፲	፳	፴	፵	፶
፷	፸	፹	፺	፻	፼	

Punctuation

።	፡፡	፣	፤	፦	፥	፧

● 암하릭 알파벳 피델 표

을 외워야 한다. 다행히 피델 조합의 규칙이 명확해 그 규칙만 잘 이해하면 금방 익힐 수 있다.

암하릭어와 더불어 가장 많이 쓰이는 언어, 오로모어

암하릭어가 오랫동안 공용어의 자리를 지키기는 했지만 앞에서 살펴보았듯이 에티오피아의 모국어이자 가장 많이 사용되는 언어는 오로모어이다. 오로모어는 오로미아 지역 내에서 주로 쓰였으며, 2020년 국가의 공식 언어로 채택되기 이전에도 오로미아주의 관공서나 학교에서 이미 공식 언어로 쓰이고 있었다.

오로모어는 암하릭어의 피델과는 다르게 고유 문자가 아닌 라틴 문자를 사용한다. 오로모어와 암하릭어는 문자와 의미가 전혀 공유되지 않아 각각의 언어를 사용하는 사람들 간에 의사소통이 어렵다. 이러한 이유에서 오로미아주에서는 교육을 위한 교재를 오로모어, 암하릭어, 영어 세 가지로 제작하고 학교에서도 오로모어를 사용하는 반과 암하릭어를 사용하는 반을 나누어 수업을 진행한다. 국가의 공용어와 다수가 쓰는 언어가 달라 불편한 점이 곳곳에서 발생하는 것이다.

사실 오늘날 에티오피아 도시에 사는 대부분의 사람은 영어로 일상적인 소통을 할 수 있어 굳이 현지어를 배우지 않더라도 살아가는 데 큰 어려움이 없다. 하지만 에티오피아에서 암하릭어를 사용한다면 영어만 사용했을 때는 경험할 수 없는 에티오피아의 진짜 모습을 마주할 기회가 늘어난다.

세계 어느 나라를 가든 마찬가지겠지만 에티오피아 사람들 역시 자신들의 언어를 사용하는 외국인에게 호의적인 태도를 보인다. 어설프더라도 현지어로 대화를 시도하면 처음 만난 사이여도 친근하게 다가오는 에티오피아 사람들을 만날 수 있다.

내가 아는 지인 중 한 명이 에티오피아에서의 생활을 마치고 에티오피아 공항에서 암하릭어로 출국 수속을 진행했는데 그 친구의 암하릭어를 들은 항공사 직원이 에티오피아의 언어를 사랑해줘서 고맙다며 좌석을 업그레이드해줬다는 일화가 있다. 이러한 사례가 아니더라도 현지어를 배우고 사용하는 것은 그 나라의 문화와 관습을 생생하게 느낄 수 있는 최고의 경험 중 하나이다. 에티오피아에 가게 된다면 어설프더라도 암하릭어를 익혀 에티오피아의 문화와 삶에 한 발자국 더 가까이 다가가보는 건 어떨까.

암하릭어 배워보기

꼬불꼬불한 암하릭어의 문자를 보면 쉽게 다가갈 수 없는, 배우기 어려운 언어라는 두려움이 생길 수 있다. 그러나 실생활에서 암하릭어를 활용해 대화를 하다 보면 생각보다 어렵지 않은 언어라는 사실도 느낄 수 있다. 간단한 암하릭어 몇 가지를 배워보자.

뜻	대상	발음
안녕하세요	-	쌀람 노
잘 지내요?	남성	은데믄 네(흐)?
	여성	은데믄 네쉬?
	복수	은데믄 나츄?
잘 지내, 좋아	-	데나 넨
잘 가	-	차오
어서 오세요	남성	멜캄 데나 메따흐
	여성	멜캄 데나 메따쉬
	복수	멜캄 데나 메뚜
네	-	으쉬
아니오	-	아이델름
감사합니다	-	아므세크날로우

뜻	대상	발음
이름이 뭐예요?	남성	스므흐 믄든 노?
	여성	스므쉬 믄든 노?
직업이 뭐예요?	남성	스라흐 믄든 노?
	여성	스라쉬 믄든 노?
집이 어디예요?	남성	베트흐 옛트 노?
	여성	베트쉬 옛트 노/네쉬?
몇 시예요?	-	슨트 사아트 노?
실례합니다	-	이끄르타
문제있어요?	-	츠크르 알레?
문제없어요 •	-	츠크르 옐름
좋아요, 아름다워요, 예뻐요	-	꼰조 노
훌륭해요	-	고베즈

　　암하릭어는 대화하는 상대의 성별과 몇 명인지에 따라 접미사나 단어가 달라진다. 예를 들어 "잘 지내요?"를 남성에게 물을 때는 "은데믄 네(흐)?", 여성에게는 "은데믄 네쉬?"라고 한다. 또한 여러 사람에게 물을 때는 "은데믄 나츄?", 자신보다 윗사람에게는 "은데믄 노트?"라고 한다.

• 이 표현은 에티오피아 사람들이 정말 자주 쓰는 표현이다. 무슨 일이든 문제없다고 하는 언어 습관에서 에티오피아 사람들의 여유로운 특성이 잘 나타난다.

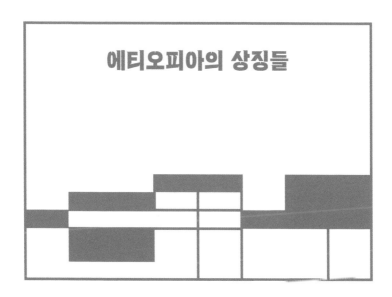

에티오피아의 상징들

국장

에티오피아의 국장은 파란색 원 안에 금색 오각별이 그려져 있고 그 주위에 금색 빛줄기가 있다. 파란 배경은 '평화', 오각별은 '국가와 국민의 단결', 빛줄기는 '국민과 종교의 평등'을 의미한다. 일부 사람들은 에티오피아의 기원과 그에

● 에티오피아 국장

따른 기독교적인 의미로 이 별을 '솔로몬의 별'이라고도 부른다. 에티오피아 국기 가운데도 이 별이 있다.

에티오피아를 상징하는 동물은 에티오피아 제국의 국기에 그려져 있는 사자이다. 이 사자는 구약성서에서 유래한 '유다의 사자'를 표현한 것으로 에티오피아의 시조인 솔로몬 왕이 이스라엘 12지파 중 유다 지파의 일족이었다는 사실에서 유래했다. 이 때문인지 에티오피아 사람들은 사자를 뜻하는 '암바싸'라는 표현을 실생활에서 자주 사용하는데 이는 우리나라 표현으로 '파이팅'과 유사하게 활용된다.

에티오피아를 상징하는 국화는 '칼라 릴리'이다. 습도가 높은 호수나 개울 주위에서 서식하며 하얀 꽃잎 가운데 노란 꽃술이 돋보인다. 에티오피아에서는 이 꽃이 '평화의 신호'라는 뜻을 지닌다.

● 유다의 사자

● 에티오피아 국화

국가

에티오피아 국가는 〈전진하라, 나의 어머니 에티오피아여〉라는 곡이다. 데제레 멜라쿠 멩게샤*Dereje Melaku Mengesha*가 작사하고 솔로몬 룰루 미티쿠*Solomon Lulu Mitiku*가 작곡한 곡으로 1992년에 국가로 제정되었다. 이 노래는 공산 정권이 몰락하고 지금의 민주주의 정권이 들어선 시기부터 불렸다.

March Forward, Dear Mother Ethiopia
전진하라, 나의 어머니 에티오피아여

Respect for citizenship is strong in our Ethiopia
우리 에티오피아에서 시민권에 대한 존중은 강력하며

National pride is seen, shining from one side to another.
도처에 빛나는 국가적 자부심을 볼 수 있네

For peace, for justice, for the freedom of peoples,
평화를 위해, 정의를 위해, 국민의 자유를 위해

In equality and in love we stand united.
우리는 평등과 사랑으로 단결한다네

Firm of foundation, we do not dismiss humanness;
우리는 견고한 반석인 인간미를 잃지 않으며

We are people who live through work.
우리는 노동을 통해 살아가는 민족이네

Wonderful is the stage of tradition, owners of a proud heritage,
다양한 전통이 펼쳐지고 자랑스러운 유산들이 보여주는 신성함
은 뛰어나다네

Natural grace, mother of a valorous people.
자연의 은총, 용맹스러운 민족의 어머니

We shall protect you – we have a duty;
우리는 당신을 보호해야 하며, 이는 우리의 의무라네

Our Ethiopia, live! And let us be proud of you!
우리 에티오피아여, 존속하라! 우리는 당신을 자랑스럽게 여기리라!

(출처: 외교부 2019 에티오피아 개황)

에티오피아 국가 듣기

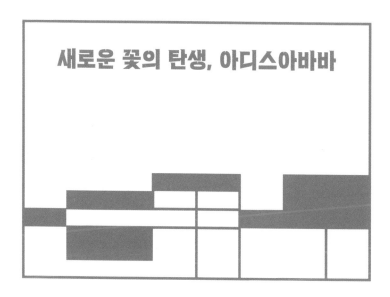
새로운 꽃의 탄생, 아디스아바바

에티오피아의 수도인 아디스아바바는 암하릭어 '아디스Addis(새로운)'와 '아바바Ababa(꽃)'의 합성어로 '새로운 꽃'이라는 뜻을 담고 있다. 아디스아바바를 수도로 정할 당시 왜 이런 이름이 붙여졌는지 정확한 이유는 알려져 있지 않다. 하지만 현재 동부 아프리카 지역의 주요 도시로 화려하게 개화하고 있는 아디스아바바에 제법 어울리는 이름이라고 생각한다.

짧은 역사 급속한 발전

아디스아바바는 세계 여느 나라의 수도와는 조금 다른 특징

● 아디스아바바의 처칠로드

이 있다. 먼저 아디스아바바는 '젊은' 수도이다. 대부분 나라의 수도가 그 나라의 역사와 함께했던 것과 달리 아디스아바바는 1886년 메넬리크 2세가 수도로 정한 이후 아직 200년이 채 되지 않은 신생 도시이다. 해발 약 2,500미터 고지대에 위치해있는 아디스아바바는 아프리카에서 가장 높은 곳에 있는 수도이며 1년 내내 선선한 기후를 누릴 수 있다.

아디스아바바는 수많은 사람이 어우러져 살아가는 인구 대도시이다. 2021년 기준 370만 명이 이곳에서 살고 있으며 수도권에는 약 520만 명이 살고 있다. 수도권 인구로 비교했을 때 아디스아바바는 사하라 이남 아프리카 도시 중 다섯 손가락 안에 꼽힌다[45]. 아디스아바바는 오로미아주의 주도 역할을 겸하고 있다. 그래서 오로모 사람들은 아디스아바바를 오로모 어인 '핀피네*Finfinee*'라고 부르기도 한다.

아디스아바바는 에티오피아의 민족적 다양성을 그대로 품고 있는 도시이기도 하다. 오로미아주의 주인인 오로모족은 물론 암하라, 티그라이 등 여러 민족이 한곳에 어우러져 살아가고 있다. 에티오피아도 여느 다른 나라와 마찬가지로 최근 도시 집중화 현상이 심화되고 있어 아디스아바바의 인구는 지속적인 증가를 거듭하고 있다.[67]

각 분야의 중심지 역할

아디스아바바는 에티오피아 정치, 경제, 사회, 문화의 중심지 역할을 한다. 우선 총리실을 포함한 주요 정부 기관이 위치해있어 국가의 모든 정치적 결정이 아디스아바바를 중심으로 이루어진다.

에티오피아 국가 경제에 끼치는 영향 또한 매우 크다. 에티오피아는 국가 차원에서는 농산업이 주를 이루는 농업 국가이지만 수도인 아디스아바바만큼은 상업, 서비스업 등 고도화된 산업이 집약되어있다. 즉 아디스아바바는 에티오피아 경제의 현재와 미래를 짊어진 도시라고 할 수 있다. 현재 아디스아바바는 매우 넓은 스펙트럼의 산업들이 성장하고 있으며 해외 자본과 외국인의 유입 또한 늘고 있다.

특히 아디스아바바는 물류의 중심지이다. 북쪽의 지부티 항구에서 수출입되는 대부분의 물류가 아디스아바바를 통해 에티오피아 전역은 물론 주변 동부 아프리카 지역으로 이동된다. 이외에도 아디스아바바에는 국가의 최고 교육 기관인 아디스아바바 국립대학, 에티오피아 국립박물관 등 에티오피아를 대표하는 기관들이 즐비하다.[8]

동부 아프리카의 허브 역할

아디스아바바는 에티오피아뿐 아니라 동부 아프리카 지역의 허브 역할을 담당하고 있다. 특히 다양한 국제기구가 위치해있어 아프리카 지역의 정치·외교 구심점 역할을 한다. 55개 아프리카 국가를 대표하는 아프리카 연합AU, African Union 본부와 유엔아프리카경제위원회UNECA, UN Economic Commission for Africa● 가 대표적이다.

도시의 국제화와 관련해 아디스아바바에 있는 볼레 국제공항 또한 매우 핵심적인 역할을 하고 있다. 볼레 국제공항은 아프리카에서 가장 큰 터미널을 갖고 있으며 아프리카, 유럽, 아

● 아프리카 지역 경제 개발을 위해 설립된 유엔 산하 기구

● 볼레 국제공항

시아 대륙의 국가로 연결되는 항공 노선을 보유하고 있다. 참
고로 아디스아바바와 인천을 잇는 항공편은 한국 최초의 아프
리카 직항 노선이다.

에티오피아의 현재와 미래를 볼 수 있는 곳

공항 근처에 위치한 볼레 지역은 현대식 대규모 쇼핑센터를

중심으로 번화가가 조성되어있다. 볼레에 위치한 대형 쇼핑몰인 에드나몰에는 멀티플렉스 영화관을 비롯해 실내 놀이동산, 대형 오락실 등 놀거리가 가득하며 쇼핑몰을 중심으로 형성된 거리에는 에티오피아의 젊은 문화를 느낄 수 있는 상점과 식당들이 즐비하다.

아디스아바바 도심 중심부에 위치한 피아사 지역에는 이탈리아식으로 지어진 건축물은 물론 펍, 고급 레스토랑 등이 많이 있다. 에티오피아 역사에서 빼놓을 수 없는 이탈리아의 영향을 느낄 수 있는 곳이기도 하다. 도시의 서쪽에 있는 메르카토에는 지부티 항구에서 수입되어온 수많은 상품과 원부자재가 거래되는 오픈마켓이 형성되어있다. 이곳은 동부 아프리카에서 가장 큰 상거래 지역 중 하나이다.

이처럼 아디스아바바는 에티오피아는 물론 아프리카 대륙에서 매우 핵심적인 역할을 담당하고 있다. 더불어 다양한 민족과 인종이 어우러져 역동적인 모습도 보이고 있다.

현재 에티오피아는 젊은 인구층을 중심으로 국가의 발전과 성장을 가속화해야 하는 중요한 시기에 놓여있다. 그 변화의 중심이자 새로운 시대를 가장 먼저 맞이하고 있는 곳이 아디스아바바이다. 만약 누군가 에티오피아의 미래를 묻는다면 아디스아바바의 모습에서 그 답을 찾아보라고 말하고 싶다.

함께 생각하고 토론하기

에티오피아 사람들은 자국의 역사와 문화에 높은 자긍심을 갖고 있습니다. 이들이 나라에 자긍심을 갖고 있는 이유 중 대표적인 세 가지는 다음과 같습니다.

먼저 수천 년의 기독교 역사에서 에티오피아가 중요한 부분을 차지하고 있다는 사실입니다. 에티오피아는 성경에 등장하는 국가이자 솔로몬 왕의 혈통을 물려받은 민족이며 자국 유적지에 모세의 언약궤가 보관되어있다는 전설 등 에티오피아 정교회를 중심으로 한 기독교 역사를 갖고 있습니다.

다음으로 에티오피아는 서구 열강의 식민 지배를 받지 않은, 독립을 지켜낸 국가이기 때문입니다. 이탈리아의 끈질긴 침략에도 굴하지 않고 국가를 지켜냈다는 사실은 에티오피아 사람들은 물론 아프리카 대륙의 많은 국가에도 매우 상징적인 일입니다.

마지막으로 에티오피아는 아프리카에서는 유일하게 고유의 언어를 보유하고 사용하는 국가이기 때문입니다. 에티오피아 사람들의 언어에 대한 자부심은 그들과 대화해보면 자연스레 느낄 수 있습니다. 그들은 외국인과 대화할 때 자국의 언어를 매우 적극적으로 알려줍니다.

● 해외에 한국을 소개한다면 역사와 문화를 통틀어 어떠한 사례를 소개하면서 한국인으로서의 자긍심을 표현할 수 있을지 세 가지 예시를 들어봅시다.

●● 위에서 언급한 세 가시 외에 에티오피아 사람들이 자긍심을 가져도 될 만한 또 다른 이유가 있을지 함께 이야기를 나눠봅시다.

2부

에티오피아
사람들의 이모저모

내가 달리는 것은 1등을 위해서도,
눈앞의 결승점을 위해서도,
최고의 속도를 내기 위해서도 아니다.
나는 다만 달릴 뿐이다.

– 에티오피아 마라톤 영웅 아베베 비킬라

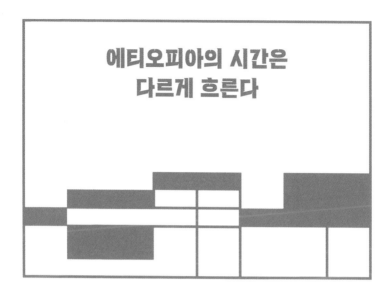

에티오피아의 시간은
다르게 흐른다

이 글을 쓰고 있는 지금 대한민국은 2022년 11월 22일이다. 같은 날 에티오피아는 2015년 3월 13일이다. 도대체 무슨 말이냐고? 이 말을 이해하려면 에티오피아가 사용하는 '에티오피아력'이라는 날짜 체계를 이해할 필요가 있다.

9월에 새해를 맞이하는 에티오피아

율리우스력이라고도 불리는 이 날짜 체계는 예수 탄생의 기원을 그레고리력보다 7년 8개월 앞서 계산하는 방식으로, 에티오피아 정교회의 전통에서 기인한 것이다. 에티오피아력의

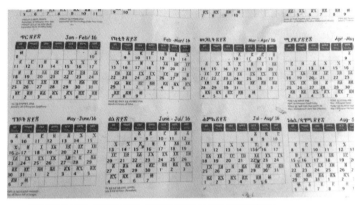

● 에티오피아 달력. 그레고리력과 에티오피력이 동시에 표기되어있다.

또 다른 특이점은 1년을 13개월로 구분한다는 것이다. 에티오피아력의 1년은 우리와 같은 365일이지만 1월부터 12월까지는 30일, 마지막 13월에는 5일이 배정된다. 에티오피아의 유명 작가 중 한 명인 다니아츄 워쿠*Daniachew Worku*가 쓴 소설《13번째 태양*The thirteenth Sun*》의 제목 또한 이러한 날짜 체계에 기인해 지어졌다.

날짜 체계가 다르다는 것을 분명하게 느낄 수 있는 날은 바로 에티오피아의 새해이다. 에티오피아는 우리가 사용하는 그레고리력을 기준으로 9월 11일에 새해를 맞이한다. 그래서 해마다 9월 즈음에는 연말연시 분위기가 느껴진다. 더불어 날짜 체계가 다른 탓에 에티오피아에 사는 외국인들은 날짜 계산에 어려움을 겪기도 한다. 에티오피아 관공서나 기업과 업무를 진행할 때 계약서와 영수증의 날짜가 에티오피아력인지 그레고리력인지 잘 확인하지 않으면 난처한 상황이 벌어지곤 한다.

아침 6시, 해가 중천에 뜬 시간

  에티오피아는 날짜 체계뿐 아니라 시간 체계도 세계 표준과 다르다. 에티오피아의 시간은 해가 뜨는 아침 6시를 0시, 해가 지는 오후 6시를 0시로 해서 두 세트의 12시간으로 구성된다. 한국에서 말하는 '해가 중천에 뜬' 낮 12시는 에티오피안 타임으로 오전 6시가 되는 것이다. 이 12시간 체계는 고대 메소포타미아 문명과 이집트 지역에서 사용되던 것으로 지금까지 이러한 시간 체계를 사용하는 나라는 몇 되지 않는다. 현지에서는 에티오피안 타임과 인터내셔널 타임(세계 표준 시간 체계)을 혼용해서 사용하므로 에티오피아에서 약속을 잡을 때는 어떤 타임을 기준으로 하는지 명확히 확인할 필요가 있다.[9][10][11][12]

  이러한 시간 체계는 공교롭게도 한국인에게 친근감(?)을 더해주는 요소가 되기도 한다. 한국과 에티오피아의 시차는 표준 시간 체계를 기준으로 6시간 차이인데 이에 따라 한국의 표준 시간과 에티오피안 타임이 같은 숫자의 시각을 가리키게 되기 때문이다. 이렇게 절묘한 시간의 차이는 에티오피아에 거주하는 한국인이 에티오피안 타임으로 한국의 시간을 쉽게 유추할 수 있도록 돕는 역할을 하기도 한다.

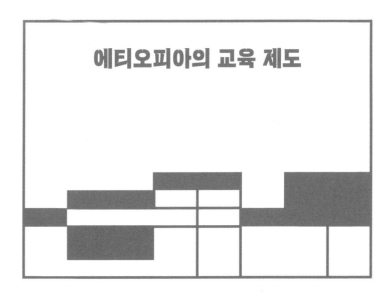

에티오피아의 교육 제도

에티오피아는 매우 젊은 국가이다. 10명 중 4명이 15세 미만의 아동에 속할 정도로 젊은 인구의 비중이 높다. 전형적인 피라미드형의 에티오피아 인구 구조는 자연스럽게 미래 세대에 대한 관심으로 이어져 국가적으로 교육의 중요성이 강조되고 있다.

에티오피아 아이들은 대부분 유치원에 다니면서부터 교복을 입기 시작한다. 아무리 형편이 좋지 않은 가정이라도 교복을 입혀 보낼 만큼 에티오피아 부모들은 교육에 열의와 관심이 상당하다.

유치원이 흔치 않은 나라

우리나라와 마찬가지로 에티오피아에도 유치원이 있다. 유치원은 정규 교육 과정이 아니라서 지역별로 입학률의 편차가 크다. 이는 지역별로 경제 수준과 유치원의 보유 수에 격차가 크기 때문이다. 도시 지역에는 유치원이 많이 보급된 편이지만 대부분 사립이라서 상당한 등록금을 내야 갈 수 있다. 시골 지역에는 그마저도 없어 유치원 교육이 거의 전무한 형편이다.[13]

에티오피아의 정규 교육

에티오피아의 정규 교육은 우리나라와 같은 12년 과정이다. 하지만 학제는 우리나라와 조금 차이가 있다. 에티오피아는 10학년까지 무상 교육을 실시하며 그중 8학년까지는 의무 교육이다. 12년 교육 과정 중 1~8학년까지는 초등학교*Elementary*, 9~12학년까지는 중고등학교*secondary* 과정이 진행된다.

초등학교 과정은 1~4학년, 5~8학년으로 구분되는데 1~4학년에는 국어, 영어, 수학, 과학과 같은 기본적인 교과목을 배우고, 5~8학년에는 윤리와 통합과학, 사회학, 음악, 미술, 생물, 화학과 같은 과목이 더해진다. 중학교 과정에서는 위 과목들의 심화 학습이 이루어진다.

● 교복 입은 아이들

진로는 10학년을 마치는 시점에서 정하는데 주로 대학 진학과 직업 교육 중 하나를 선택한다. 대학에 진학하려면 11~12학년에 해당하는 상급 학교*Preparatory Secondary School* 단계를 밟아야 한다. 이는 우리나라의 고등학교 과정에 해당한다.

상급 학교에 들어가려면 ESLCE*Ethiopia School Leaving Certificate Examination* 시험에서 9개 과목 중 최소 5개 과목에서 C등급(A~E 등급) 이상을 받아야 한다. 11학년으로 진학하면 우리나라 고등학교의 문·이과 과정과 비슷한 사회 트랙*social science track*과 과학 트랙*natural science track* 중 하나를 결정한다.

11~12학년을 성공적으로 마친 아이들은 수학능력시험이라고 볼 수 있는 대학 입학시험을 치른다. EUEE*Ethiopian University*

EDUCATION SYSTEM

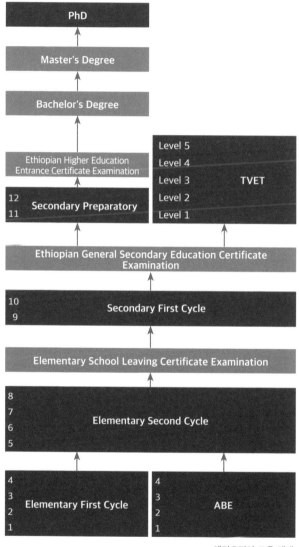

● 에티오피아 교육 체제

*Entrance Examination*라고 하는 이 시험은 7개 과목으로 이루어져 있으며 어렵기로 유명하다. 아이들은 이 시험 성적에 따라 대학교에 진학한다.[14]

기술 교육을 전문으로 하는 TVET

고등학교 과정에 진학하지 않은 아이들은 TVET*Technical and Vocational Education and Training*라고 불리는 직업학교에 진학하는데 우리나라와는 달리 에티오피아의 아이들은 직업학교에 진학하는 것을 선호하는 경향이 있다.[15]

최근 에티오피아 정부는 제조업 분야를 확대하고 청년들의 고용률을 높이기 위해 TVET 교육의 질 향상시키기와 같은 상당한 노력을 기울이고 있다. TVET는 교육 기간과 프로그램 세부 내용에 따라 레벨이 나뉘며 과정을 이수하면 자격증을 취득할 수 있다. TVET를 이수한 아이들은 바로 취업을 할 수 있다.

에티오피아의 고등 교육

에티오피아를 대표하는 고등 교육 기관인 아디스아바바 국립대학교는 1950년 에티오피아 최초로 설립되었으며 현재 에

● 아디스아바바 국립대학교

티오피아에서 가장 크고 우수한 대학이다. 이밖에도 에티오피아에는 30개의 공립대학이 있으며 사립대학도 날로 증가하고 있다.

에티오피아에는 한국의 한 기독교 단체가 설립한 의과대학도 운영되고 있다. 에티오피아 고등학생 중에서도 EUEE 성적 상위권의 학생들만 입학할 수 있을 정도로 경쟁률이 치열하다고 한다.

유럽의 식민 지배를 받은 대다수의 아프리카 국가가 유럽식 교육 시스템에 영향을 많이 받았다. 이에 반해 에티오피아는 비교적 자국의 교육 시스템을 발전시키기 위해 많은 노력을 해왔다. 예를 들어 과거에는 프랑스와 이집트에서 교사와 자문

단을 데려와 교육 시스템의 발전을 도모했으며 최근에는 현대
식 교육 시스템을 구축하기 위해 외국식 사립학교를 들여왔다.

에티오피아의 최근 교육 트렌드

에티오피아 학생들의 인터뷰를 통해 현재 에티오피아 교육에 관한 생생한 이야기를 들어보자.

Q. 요즘 에티오피아에서 학생들에게 가장 인기 있는 전공은 무엇인가요?

공학과 기술 전공이에요. 최근 국가에서 국립대학교의 정원 비율을 일반과학 분야는 70퍼센트, 인문사회 분야는 30퍼센트로 정해놓아서 이러한 경향이 심해진 것 같아요. 공학을 배우는 것을 굉장히 자랑스럽게 여기기도 하지만 국가 경제 자체가 2차, 3차 산업 중심의 경제를 추구하는 터라 이를 전공한 졸업생들이 일자리를 구하기 쉽습니다. 사립대학교는 조금 다른데 회계 전공이 인기가 많아요. 졸업 후 취업이 가장 잘 되거든요. 은행과 금융 분야에 붐이 일고 있어 회계뿐 아니라 경영 전공이 인기가 많습니다.

Q. 젊은이들 사이에서 인기 있는 직업은 무엇인가요?

에티오피아는 제조업에 많은 투자를 하고 있어요. 경제 변혁을 일으키기 위해 산업 단지를 계속 조성하고 있어서 이와 관련한 전공을 하거나

TVET를 졸업한 학생을 많이 고용하고 있습니다. 항공사, 대학교, 은행과 금융기관, NGO 등이 특히 인기가 많아요. 여기에 취업하려면 치열한 경쟁을 거쳐야 하죠. 대학에서 높은 학점을 받는 것은 필수예요.

Q. 에티오피아에는 다양한 언어가 있다고 들었습니다. 교육 현장에서는 어떤 언어를 사용하나요?

에티오피아는 여러 언어를 사용하는 국가답게 학교에서 사용하는 언어도 다양해요. 예를 들어 오로모어와 암하릭어를 혼용해서 사용하는 지역의 학교에서는 오로모어를 사용하는 반과 암하릭어를 사용하는 반을 구분합니다. 이를 위해 암하릭어, 오로모어를 구사하는 교사들을 각각 채용하기도 하지요. 영어는 대부분의 학교에서 공통적으로 배우는데요. 2차 세계 대전 이후 영국과 미국의 영향력이 에티오피아에도 전해지면서 중고등학교 과정에 영어 과목이 추가되었고 영어로만 수업을 진행하는 학교도 많습니다. 영어의 중요성과 힘은 날로 커지고 있어 취업 시 영어 실력이 좋아야 더 나은 직장을 얻을 수 있는 분위기이기도 합니다. 1935년까지는 프랑스어로 수업하는 학교도 많았지만 지금은 많지 않습니다.

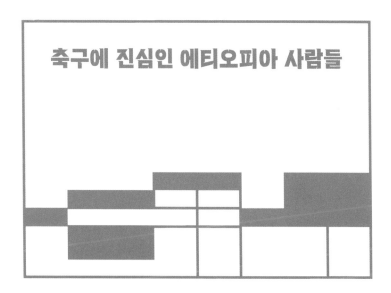

에티오피아에서는 지역을 불문하고 빨노초 에티오피아 국기 색의 축구 유니폼을 입고 있는 이들을 쉽게 볼 수 있다. 붉은 악마 유니폼이 한때 우리나라 전 국민 티셔츠였던 것처럼 에티오피아의 축구 유니폼 또한 비슷한 대중성을 가지고 있다. 강렬한 색상의 유니폼과 초콜릿빛 피부색이 잘 어울려 에티오피아를 생각하면 가장 먼저 떠오르는 이미지 중 하나이다.

최고의 대화 소재 축구

축구 유니폼에 열광하는 만큼 과연 에티오피아는 축구 강국

● 축구하는 아이들

일까? 아프리카인들의 우람한 신체와 체력을 떠올리며 아프리카 출신 선수들은 운동을 모두 잘할 것이라고 생각하는데 결론부터 말하자면 에티오피아 국가 대표 팀의 축구 실력은 그다지 좋지 않다. 월드컵 본선은 물론 아프리카 국가의 토너먼트인 아프리카네이션스컵에서도 초창기 우승을 제외하고는 좋은 성적을 기록한 적이 없다. 그런데도 에티오피아 사람들은 축구를 정말 좋아한다.

만약 에티오피아에서 10~30대 남성들과 대화를 하고 싶으면 축구 이야기를 꺼내면 된다. 특히 에티오피아에서는 영국 프리미어리그가 인기이다. 웬만한 젊은이라면 본인이 응원하는 프리미어리그 팀이 하나씩은 있다. 프리미어리그 팀 이야기를 슬쩍 꺼내면 대부분 자신이 갖고 있는 축구 관련 지식을 술술 쏟아놓으며 열띤 대화의 장이 펼쳐질 것이다.

인터넷이 잘 터지지 않는 에티오피아 지방에 출장 간 적이 있다. 에티오피아 지방은 인터넷 연결이 좋지 않은데 호텔은 그나마 인터넷 연결이 되어 전날 열렸던 유럽 챔피언스리그의 결과를 확인할 수 있었다. 그다음 날 마을 사람들에게 챔피언스리그 결과를 알려주자 주위에 있던 수많은 젊은이가 내게 몰려오기 시작했다. 설레는 표정으로 지난밤의 축구 소식을 듣고 함께 열띤 토론을 펼쳤던 기억은 에티오피아에서의 재미있었던 추억 중 하나이다.

에티오피아 축구 문화를 즐길 수 있는 곳

에티오피아 사람들의 축구 사랑과 관련해 스포츠바 이야기도 빠질 수 없다. 스포츠바는 식음료를 즐기면서 텔레비전으로 스포츠 경기를 시청할 수 있는 곳이다.

수도인 아디스아바바의 스포츠바에서는 대형 스크린과 잘 정비된 음향 시설을 통해 생중계로 축구를 감상할 수 있다. 수도에서 멀리 떨어진 지방에도 스포츠 중계를 즐길 수 있는 곳들이 있는데 그 형태가 도시와는 사뭇 다르다.

함께 일하던 동료와 지방 출장 중 스포츠바를 방문한 적이 있다. 슬라브 지붕의 창고 같은 건물이었는데 알고 있던 스포츠바의 이미지와 너무도 달라 반신반의하며 들어갔다. 창고같이 넓은 공간이었는데 삼면의 벽에 텔레비전이 달려있었고, 각각 다른 축구팀의 경기가 방영되고 있었다. 사람들은 자신이 응원하는 축구팀의 경기가 방영되는 텔레비전 앞에 앉아 경기

● 에티오피아 시골 마을의 스포츠바

를 즐겼다. 많은 사람이 한 공간에 모여 각자의 방식대로 축구를 즐기는 분위기는 무척 생동감이 넘쳤고 에티오피아 사람들의 축구 사랑이 바로 느껴져 인상 깊었다. 안락한 소파에서 보는 축구 경기도 좋지만 에티오피아에 간다면 현지 스포츠바에서 에티오피아 사람들과 함께 축구 응원을 해보는 것도 좋을 듯하다.

에티오피아 사람들의 축구 사랑은 여러 곳에서 느낄 수 있다. 우선 학교 축구 클럽 대항전이 열리는 주말이면 동네 곳곳에서 축제가 벌어진다. 공산품을 구하기 힘든 지방에서는 아이들이 볏짚을 동그랗게 말아 공처럼 만들어 축구를 하기도 한다.

이 모든 풍경 속에서 에티오피아 사람들의 즐거워하는 표정을 볼 수 있다. 언젠가 에티오피아 축구팀이 월드컵에 진출하는 날이 온다면 아마도 그날은 에티오피아 최대의 축제일이 되지 않을까 싶다.

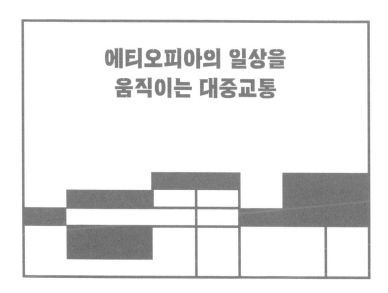

에티오피아의 일상을 움직이는 대중교통

에티오피아의 대중교통 스펙트럼은 무척 넓다. 시골에 가면 말이 끄는 마차를 볼 수 있는가 하면 아디스아바바에서는 전철을 타고 출퇴근하는 사람들을 볼 수 있다. 에티오피아의 일상을 움직이는 대중교통을 보면 전통적인 농업 국가의 모습을 간직하면서도 산업화 및 도시화된 에티오피아의 모습을 발견할 수 있다.

가리*Gari*

가리는 에티오피아 시골 마을에서 없어서는 안될 필수 대중

교통으로 말이 수레를 끄는 마차의 일종이다. 말을 움직이는 마부가 있고 수레 위에 승객이 탑승한다.

재미있는 것은 가리도 버스처럼 정류장이 있다는 사실이다. 정류장 표시는 없지만 운전자와 마을 주민들 사이에 공공연히 지정된 장소가 있다. 처음 에티오피아 지방 마을을 방문했을 때는 어디서 가리를 타야 하는지 몰라 난감했는데 마을 주민들의 설명을 들은 후부터는 눈치껏 정류장을 찾을 수 있었다.

정비되지 않은 에티오피아 지방의 시골길은 우기가 되면 진흙탕이 되어 버린다. 비포장도로에 최적화된 가리는 이러한 환경에 가장 어울리는 교통수단이다.

바자지 *Bajaj*

에티오피아에도 인도나 동남아시아에서 볼 수 있는 삼륜차가 있다. '바자지'라고 하는데 앞자리에 운전기사가 앉고 뒷자리에 세 명이 탄다. 뒷자리가 만석이 되는 경우 운전기사가 자기 자리의 반을 양보해 네 명의 탑승객이 타기도 한다. 조금 위험하고 비공식적이기는 하지만 운전기사 자리에 걸터앉으면 운전기사가 된 것처럼 짜릿함을 만끽할 수 있다.

바자지는 두 가지 유형이 있다. 버스처럼 노선이 정해져 정류장마다 사람들이 타고 내리는 일반 바자지와 택시처럼 가고

● 가리

● 바자지

싶은 목적지를 이야기하면 데려다주는 '콘트락 바자지'이다. 콘트락 바자지 요금은 일반 바자지보다 비싸다.

미니버스 _Mini bus_

에티오피아의 미니버스는 인도나 중동에서 수입된 오래된 중고 승합차로 우리나라 12~16인승 차량과 비슷하다. 도시에서 가장 많이 이용되는 교통수단 중 하나로 노선이 촘촘하게 되어있어 어디든 갈 수 있다. 각 버스마다 정해진 노선과 정류장이 있지만 가리나 바자지와 마찬가지로 공식적인 정류장 표지판이나 노선도는 없다.

에티오피아 도시인들은 암묵적으로 정해진 장소에서 미니버스에 탑승한다. 다양한 노선이 있는 장소에서는 미니버스 운전기사들이 목적지를 외쳐 승객들이 어느 버스를 타야 하는지 정보를 주기도 한다.

미니버스에는 정해진 정원이 없어 세 명이 앉도록 만들어진 좌석에 여섯 명까지 꾸역꾸역 앉기도 한다. 놀라웠던 점은 아무리 많은 사람이 타도 그 누구도 불평하지 않는다는 사실이다. 오히려 자리를 내어주며 승객이 더 탈 수 있도록 도와주었다. 나는 이런 풍경이 신기해 미니버스에 몇 명이나 타는지 세어본 적이 있는데 16인승 버스에 24명이 탑승한 것까지

● 미니버스

보았다.

　미니버스에 타면 뒤쪽 문가에 앉아있는 승무원이 정류장마다 사람을 태우고 요금을 받는다. 버스 요금은 노선별로 타는지점마다 다르므로 그때그때 금액을 물어보고 타야 한다.

전철

　2015년부터 아디스아바바 시내를 관통하는 전철은 사하라이남 아프리카 최초의 전철이다. 도시의 동서를 가로지르는1호선과 남북을 가로지르는 2호선으로 구성되어있으며 아디스아바바 도심의 주요 거점을 관통한다.

전철은 아디스아바바 라이프 스타일의 변화를 보여주는 상징적인 인프라이다. 실제로 전철 역세권 주변에 사는 사람들은 여러 혜택을 누리고 있다. 하지만 도시 인구 대비 적은 노선과 배차 간격 탓에 우리나라 지옥철처럼 늘 사람들로 미어터진다. 게다가 지상으로 운행되는 터라 안 그래도 교통 체증이 심한 아디스아바바의 교통 문제가 더욱 심각해졌다는 불만도 생겼다.

기차

기차는 에티오피아 사람들이 일상적으로 이용하는 교통수단은 아니다. 2016년 아디스아바바와 지부티를 잇는 기차가 개통되었으며 이외의 노선들은 아직 건설 중이거나 계획 단계에 있다.

아디스아바바-지부티 철도 노선은 내륙 국가인 에티오피아에서 가장 가까운 항구인 지부티로 물자를 좀 더 원활하게 운송하기 위한 용도로 개통되었다. 이전에는 주로 육로를 통해 물자를 운송했으나 이 철도의 개통으로 운송비 절감 효과는 물론 교통사고 감소 효과를 기대하고 있다.

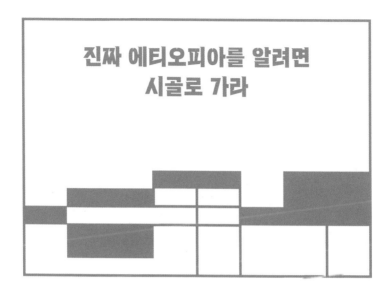

진짜 에티오피아를 알려면
시골로 가라

에티오피아를 방문하는 외국인들은 주로 아디스아바바 같은 큰 도시에서의 경험만으로 에티오피아를 안다고 말하지만 사실 에티오피아 인구 10명 중 8명은 지방에 살고 있으므로 진짜 에티오피아의 모습을 보려면 시골로 가야 한다. 에티오피아는 1억여 명의 전체 인구 중 20퍼센트인 2,000만 명 정도만 도시에 살고 있다. 이 수치는 전 세계적으로 굉장히 낮은 도시화율이다.[16]

도심에서 조금만 벗어나도 끝없이 펼쳐진 광활한 자연, 여행 책자에서나 볼 법한 키 작은 나무와 구불구불한 언덕, 드넓은 에티오피아의 하늘은 도심에서의 답답함을 잊게 만든다. 양과 소가 여유롭게 풀을 뜯고 있는 모습, 당나귀나 낙타와 같은

● 에티오피아 시골 풍경

동물들을 몰고 가는 목동 등 평화롭고 목가적인 시골 풍경은
눈을 뗄 수 없게 한다.

시골의 주거 형태

시골에 사는 사람들은 대부분 넓은 땅에 흩어져 작은 마을
공동체를 이루며 살아간다. 에티오피아 전통 가옥은 흙이나 돌
심지어는 소똥을 섞어 원형으로 벽체를 세운 후 그 위에 짚이
나 갈대, 나뭇잎을 얹어 지붕을 만드는데 창문은 아예 없거나
있다고 해도 아주 작으며 사람이 드나드는 문 또한 작게 만든

다. 이는 온기가 쉽게 밖으로 빠지는 것을 방지하기 위해서인데 이 때문에 낮에도 집 내부가 어두컴컴하다. 최근에는 현대기술이 많이 보급되면서 네모반듯한 양철로 지붕을 얹은 집도 많이 보인다. 저 멀리 보이는 산 능선에 무언가 반짝거리는 게 보인다면 보석이 아니라 양철 지붕일 것이다.

농사로 삶을 영위하는 사람들

에티오피아 사람들 대부분은 대한민국의 10배가 되는 광활한 대지를 기반으로 농사를 지으며 산다. 에티오피아의 해발 2,400미터의 높은 고도에서도 끄떡없이 자라는 작물로는 인제라*injera*의 원료인 테프, 에티오피아를 널리 알린 커피, 넓은 경작지를 기반으로 한 사탕수수, 에티오피아 정교회 신도들이 금식 기간 중 고기 대신 먹는 각종 기름 종자 등이 있다. 에티오피아 사람들은 이러한 작물 농사를 지으며 가축을 키우거나 집을 짓고 수리하며 일상을 보낸다. 주로 남성이 농사일을 책임지고, 여성은 요리와 아이들을 돌보는 가사 일을 맡는다.

● 에티오피아와 소말리아, 에리트레아에서 먹는 평평하며 둥근 모양의 아프리카 전통 빵이다. 고기나 스튜를 떠먹거나 샐러드를 싸서 먹는 데 사용한다.(출처-두산백과 두피디아, 두산백과)

물이 귀한 지역

에티오피아 시골 생활에서 물을 구하는 것은 중요한 일과 중 하나이다. 특히 건기에는 우물이 마르거나 물이 끊길 때가 많아 강까지 먼 길을 오갈 때도 있다. 따라서 물탱크는 시골 살이의 필수품 중 하나이다. 물을 공급받을 수 있는 시기에 물탱크에 물을 저장해두면 물이 끊겼을 때 저장된 물을 사용할 수 있다.

10일 이상 물이 끊길 때면 노란 제리캔을 지고 가는 당나귀들의 모습을 볼 수 있다. 주변 강에서 길러온 물을 팔러 다니는 당나귀인데 건기 막바지에는 제리캔의 물 가격이 평소보다 두 배 가까이 오르기도 한다. 강가에서 떠온 물이다 보니 희뿌연 흙탕물에 나뭇잎, 벌레들이 둥둥 떠 있지만 사람들은 이 물로 밥도 짓고 씻기도 한다.

내가 에티오피아에 가서 처음 했던 일이 시골 지역의 식수 개선을 위해 마을에 우물을 만들어주는 일이었다. 깨끗한 물을 사용할 수 있다는 사실에 진심으로 기뻐하는 사람들의 모습을 보며 인프라가 조성되지 않은 시골 지역에서 물이 지니는 의미가 얼마나 큰지 절실하게 느낄 수 있었다.

● 물을 받기 위해 줄을 서 있는 풍경

● 물을 긷는 아이

중요한 생계 수단, 당나귀

　시골에서만 볼 수 있는 또 한 가지 재미있는 풍경은 바로 당나귀이다. 에티오피아 사람들에게 당나귀는 아주 소중한 자산이다. 집안 노동력의 대부분을 담당하며 주로 짐을 옮기는 데 사용된다. 특히 에티오피아 전역에서 흔히 볼 수 있는 유칼립투스 나무를 베어 생계를 유지하는 사람들에게 당나귀는 없어서는 안될 필수 자산이다.

　에티오피아에는 당나귀의 복지를 위한 기관도 존재한다. 당나귀의 복지라니 우습게 느껴질 수 있다. 그러나 물을 길어 나르거나 산에서 땔감을 구하고 가사를 책임지는 여성이 생계를

● 짐을 싣고 가는 당나귀

유지하려면 당나귀의 노동력에 의존할 수밖에 없다. 그래서 당나귀의 복지는 시골 지역에서 매우 중요하다. 당나귀가 건강하게 일하고 쉬는 것이 곧 여성의 복지로 연결되기 때문이다.

시골에서 즐기는 여가 시간

시골 사람들은 여가 시간을 어떻게 보낼까? 하루에도 몇 잔씩 커피를 마시며 둘러앉아 이야기하는 것이 자연스러운 일과이다. 사실 에티오피아는 전기 공급이 원활하지 않아 시골 지역에서는 가전제품을 찾아보기 힘들다. 그런 이유로 에티오피아 사람들은 모여서 이야기하는 것을 즐긴다.[17]

에티오피아에서의 '이야기'는 일종의 오락이자 메시지를 전달하는 수단이다. 때로는 과거의 기술이 전승되어 현대와 만나는 방법이 되기도 한다.[18]

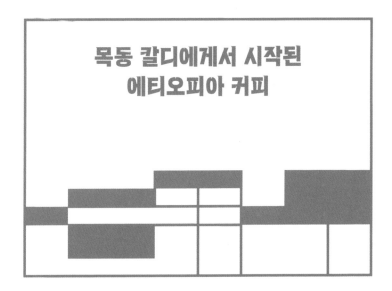

목동 칼디에게서 시작된
에티오피아 커피

에티오피아는 우리에게 그리 친숙한 나라는 아니다. 만일 에티오피아에 대해 들어본 적이 있다면 열 중에 아홉은 커피를 통해서일 것이다.

실제로 에티오피아는 우리나라의 4대 커피 수입국 중 하나이다. 한국에서 에티오피아 커피는 프리미엄 커피로 많이 알려져 있다. 우리나라뿐 아니라 전 세계적으로도 에티오피아는 커피로 유명하다. 커피의 기원이자 다양한 커피 품종의 고향인 에티오피아 커피에 대해 알아보자.

커피의 발견

커피의 유래에 대해서는 다양한 이야기가 있지만 그중 에티오피아 목동 칼디*Kaldi* 이야기가 가장 유명하다. 에티오피아 산악 지대에서 염소를 몰던 칼디가 어느 날 우연히 붉은 열매를 먹고 흥분하는 염소를 보고 그 열매를 따서 먹어보았다고 한다.

커피 열매의 각성 효과 덕분에 피곤함이 사라지고 정신이 맑아지는 것을 느낀 칼디는 열매를 따서 수도원의 수도사에게 가지고 갔다. 수도사는 이를 악마의 열매라고 하며 불에 던졌는데 이 열매가 타면서 나는 향에 매료되어 음료로 만들어 먹게 되었다고 한다. 커피의 어원 또한 에티오피아 고원 지대인 카파*Kaffa*에서 유래되었다는 설도 있다.

다양한 커피 품종의 고향

에티오피아는 커피가 자라는 데 최적의 자연 조건을 가지고 있다. 커피나무는 적도를 중심으로 북위 25도, 남위 25도 사이, 연간 강수량이 1,500밀리미터 이상의 열대 지역에서 생산되는데 이 지역을 '커피벨트'라고 부른다. 커피는 크게 아라비카와 로부스타 품종으로 분류되는데 에티오피아에서 생산되는 커피는 대부분 아라비카에 속한다.

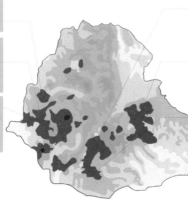

월레가/레켐티(Wollega, Lekempti)
에티오씨아 서부에 위치한 월레가 지역에서 생산하는 커피이다. 해발 1,700~2,200m에서 자라는 이 커피는 과일 향이 나는 것이 특징이다.

짐마(Jimma)
에티오피아 남서부 짐마 지역의 해발 1,300~1,800m에서 자란다. 에티오피아에서 짐마 지역의 커피 생산 규모가 가장 크며 산미가 강한 것이 특징이다.

리무(Limu)
에티오피아 남서부 짐마 지역의 해발 1,100~1,900m에서 자라는 커피이다. 이 커피는 밸런스가 잘 어우러진 부드러운 바디감과 산미가 특징이다.

시다모(Sidamo)
에티오피아 남부 지역의 리프트밸리에 위치한 시다마 지역에서 생산하는 커피이다. 해발 1,500~2,200m에서 자라며, 레몬과 같은 산뜻한 산미가 특징이다.

하라르(Harar)
에티오피아의 가장 동쪽에 위치한 하라르 지역에서 생산하는 커피이다. 해발 1,490~2,100m에서 자라는 이 커피는 적당한 바디감과 산미를 가지고 있고, 블루베리 향이 나는 것이 특징이다.

예가체프(Yirgacheffe)
에티오피아 커피의 대명사로 널리 알려진 이 커피는 시다마 지역의 해발 2,000~2,500m 지역에서 자란다. 다채로운 향을 느낄 수 있으며, 깔끔한 산미가 특징이다.

● 에티오피아 지역별 커피 품종

　　에티오피아는 커피의 원산지답게 아라비카 커피 중에서도 전 세계 커피 애호가들이 선호하는 다양한 자생 커피 품종을 보유하고 있다. 대표적으로 우리나라에서도 유명한 예가체프를 포함해 시다모, 하라르, 짐마, 리무 등이 있다. 이들의 이름은 모두 해당 품종이 자생하는 에티오피아 각 지역 명칭에서 따왔다. 에티오피아 커피는 꽃향기가 나는 과일의 산미와 달콤한 맛 그리고 부드럽게 넘어가는 바디감이 특징이다.

에티오피아에서 커피는 '블랙골드'라고 불릴 만큼 국가 경제에 지대한 영향을 끼친다. 국내총생산GDP의 10퍼센트, 전체 외화 수입의 41퍼센트를 차지할 정도로 에티오피

● 커피 열매

아 경제에 없어서는 안 될 중요한 작물이다.[19] 이에 에티오피아는 정부 차원에서 커피의 생산과 수출을 엄격하게 관리하고 있다.

에티오피아에서 생산되는 모든 커피는 에티오피아 상품거래소ECX, Ethiopia Commodity Exchange를 거쳐 판매된다. 산지에서 수확된 커피 체리는 가공과 건조를 마친 생두 상태로 포장되고, 생두를 가공한 커피 원두는 상품거래소의 엄격한 기준에 따라 등급을 부여받는다. 상품거래소는 생두의 겉모습을 판단하는 외관 평가 점수와 맛과 향을 판단하는 커핑 평가 점수를 합산해 최고 등급인 그레이드1G1부터 그레이드5G5, 그레이드 미달인 언더그레이드Under Grade 등급으로 분류한다.

커피 산업의 현대화

생산된 커피는 해외로 수출될 뿐 아니라 에티오피아 자국 내에서도 다양한 형태로 소비된다. 커피를 즐기는 전통적인 방식을 '분나 세리머니'라고 한다. 이러한 전통 방식 외에도 최근에는 미국, 유럽 등의 영향을 받아 서구식으로 커피를 즐기는 문화가 도시와 젊은이들을 중심으로 점점 확산되고 있다. 에티오피아 사람들이 즐기는 서구식 커피 문화는 우리나라의 카페 문화와 비슷하다. 에스프레소, 핸드드립 등 우리에게 익숙한 커피 추출 방식을 활용한 음료들이 판매되고 있다.

커피를 처음 발견했다는 전설의 목동 칼디를 모티브 삼아 만들어진 '칼디스 커피KALDI'S COFFEE'는 에티오피아 내 많은 지점을 보유한 대형 커피 프랜차이즈이다. 칼디스 커피는 에티오피아 내에서 미국의 스타벅스에 버금갈 정도로 높은 인지도와 규모를 자랑한다. 칼디스 커피는 다양한 메뉴로도 유명하다. 여기에 더해 아이스아메리카노, 아이스라떼 등을 판매하고 있어 아이스 메뉴를 발견하기 힘든 에티오피아에서 관광객들이 시원한 커피 음료를 마시고 싶을 때 믿고 찾을 수 있는 곳이기도 하다.

아디스아바바의 구도심인 피아사 거리에는 에티오피아 최초의 이탈리아식 카페인 '토모카TOMOCA'가 있다. 토모카는 집에서 즐길 수 있는 원두 패키지도 판매하고 있다. 에티오피아를 방문하는 사람 중 상당수가 토모카에서 판매하는 주황색 원두 패키지를 최소 한 개씩은 구매해갈 정도로 유명하다.

최근에는 한국에서도 에티오피아 커피를 즐길 수 있는 곳을 쉽게 찾을 수 있다. 글로벌 프랜차이즈부터 동네 카페까지 에티오피아산 원두는 국내에 매우 대중화되어있다.

● 토모카에서 판매하는 커피 원두

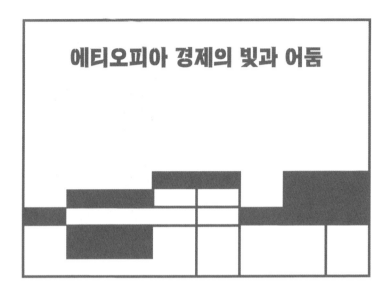

에티오피아 경제의 빛과 어둠

아프리카 국가라고 하면 대개 그렇듯이 에티오피아 또한 빈곤, 저개발 같은 단어들이 먼저 떠오른다. 특히 1980년대 일어난 에티오피아 대기근으로 에티오피아는 전 세계 빈곤의 대명사가 되어버렸다.

2018년 에티오피아는 전 세계 1인당 국내총생산 순위에서 167번째로 아직은 세계 평균에 훨씬 못 미치는 수준이다. 하지만 정량적 수치만으로 에티오피아 경제를 모두 설명할 수는 없다. 최근 10년간 약 10퍼센트대의 경제 성장률을 기록하면서 새로운 기회의 땅으로 주목받고 있기 때문이다.

현재 에티오피아 경제는 다양한 가능성과 위기의 측면을 모두 품은 격동의 시기를 보내고 있다. 그 가운데 주목할 만한 명

과 암을 살펴보도록 하자.[20]

에티오피아의 산업 구조

에티오피아의 산업 구조에서 농업은 가장 큰 비중을 차지하고 있다. 앞서 말했듯이 커피는 에티오피아 농업에서 중요한 역할을 하고 있으며 다양한 콩류 또한 에티오피아의 주요 농업 생산품이다. 에티오피아에서 농업은 노동 인구의 약 85퍼센트가 투입되는 산업이자 국가 경제 총생산 규모의 약 40퍼센트를 차지하는 그야말로 에티오피아의 경제를 지탱하는 축이다. 농업에 대한 의존성은 에티오피아 산업이 아직 고도화를 이루지 못했다는 증거이기도 하다.

에티오피아 정부는 산업의 고도화를 통한 경제 성장을 위

● 에티오피아 섬유공장

해 다양한 개혁을 시도하고 있다. 특히 1990년대 이후부터 제조업의 발전을 촉진하는 정책들을 대거 수립해 산업 다변화를 위한 기반을 마련했다. 그 결과 현재 공업 분야의 비율이 국가 경제의 약 20퍼센트를 차지할 만큼 확대되었으며 아시아권에 집중되어있던 외국 기업의 생산 시설이 에티오피아에 유치되는 성과도 거두었다. 그중 글로벌 기업의 의류를 아웃소싱하는 산업은 에티오피아 제조업에서 큰 비중을 차지한다.

적극적인 해외 자본 유치

에티오피아 정부는 제조업의 집중적 투자 외에도 외국인직접투자FDI를 유치하기 위한 노력도 하고 있다. 이에 따라 에티오피아 경제 체제를 기업 친화적으로 변모시키고 투자 자본이 투명하게 운용될 수 있는 환경을 조성하고 있다. 에티오피아의 외국인직접투자는 1990년대 후반부터 가속화되어 2018년 약 33억 달러의 해외 투자를 유치하며 동부 아프리카 국가 중 가장 많은 해외 자본을 보유하고 있다. 주요 투자국으로는 사우디아라비아, 중국, 미국, 한국 등이 있다.[21]

에티오피아는 인구 통계학적으로 매우 젊은 나라이다. 15세 미만의 젊은 인구가 전체 인구의 약 40퍼센트를 차지하고 65세 이상 인구는 5퍼센트밖에 되지 않는다.

이와 같은 젊은 인구 구조는 향후 에티오피아 경제를 지탱하고 발전시켜나가는 데 매우 중요한 자산이다. 하지만 국가 경제가 젊은 노동력을 모두 수용할 만한 기반을 구축하지 못할 경우 실업률의 증가로 이어질 수 있는 위험성 또한 내포하

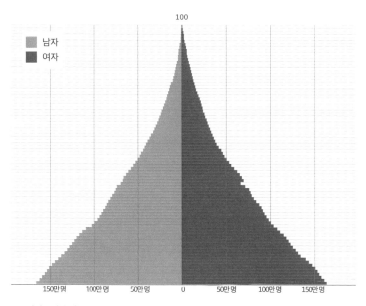

● 에티오피아 인구 구조

고 있다.

에티오피아는 전 세계에서 도시화율이 가장 낮은 나라인 동시에 가장 급속한 도시화율 증가 속도를 기록하고 있는 나라이다. 농업 중심에서 제조업 중심으로 산업의 고도화가 진행되고 있으며 아디스아바바를 중심으로 도심 지역에 수많은 인구가 밀집되는 현상이 나타나고 있다.

에티오피아는 천연자원이 풍족하지는 않다. 하지만 상당한 수준의 수자원을 보유한 나라이다. 나일강 상류 지역에 위치해 나일강 수량의 86퍼센트를 담당하고 있고 기후적으로도 충분한 강우량이 보장되어 '동부 아프리카의 배수탑'이라고도 불린다. 아프리카 2위의 수력 발전 잠재력을 바탕으로 그랜드 에티오피아 르네상스댐을 건설했고 이를 통해 생산된 전력을 인근 국가인 케냐, 지부티, 수단에 수출하기 시작했다.[22] 이는 에티오피아가 자국이 보유한 수자원을 본격적으로 활용하기 시작했다는 신호탄으로 볼 수 있다.[23]

하루가 다르게 지어지는 건물과 분주하게 움직이는 도시 사람들. 아디스아바바의 번화가를 거닐다 보면 빠르게 성장하는 에티오피아가 생생하게 느껴진다. 하지만 도시의 주요 거점을 조금만 벗어나도 빈부의 격차가 확연히 보인다. 이는 에티오피아가 앞으로 해결해야 할 과제이다. 과연 에티오피아가 이 격변의 시기를 잘 헤쳐나가 아프리카의 떠오르는 신흥 경제 국가로 자리매김할 수 있을지 관심을 가지고 지켜보자.

청나일의 발원지

나일강의 이집트 문명, 티그리스-유프라테스강의 메소포타미아 문명, 인더스강의 인도 문명, 황하강의 황하 문명과 같은 기원전 고대 문명은 큰 강을 따라 탄생했다. 큰 강을 중심으로 도시가 발달한 이유는 이동이 편리하고 농업이 번성하기에 지리적으로 유리하기 때문이다.

4대 문명 탄생지 중 하나인 나일강이라고 하면 대부분 이집트를 떠올리지만 사실 나일강은 탄자니아, 우간다, 에티오피아, 수단, 이집트에 걸친 아프리카 대륙의 북동부를 가로지르는 거대한 강이다. 나일강은 청나일*Blue Nile*과 백나일*White Nile*이라고 불리는 두 개의 지류가 있으며 에티오피아는 청나일의 발원지로 나일강의 중요한 축을 담당한다.

● 나일강과 주변 국가

나일강의 한 지류인 백나일은 이름처럼 회백색을 띠는 강이다. 길이가 2,084킬로미터에 이르며 수량이 많지는 않지만 물 공급이 꾸준해 나일강의 유량을 안정적으로 유지하는 역할을 한다. 백나일은 우간다, 탄자니아, 케냐 3국이 국경을 맞댄 빅토리아 호수에서 발원해 청나일과 만나는 수단 지역까지를 지칭한다.

에티오피아에서 시작되는 청나일은 우기에 유량이 많아지면 물 색깔이 검은색처럼 보인다고 하여 청나일이라 한다. 수단에서는 검은색을 지칭하는 단어가 파란색을 의미하기도 해서 흑나일이 아닌 청나일이 되었다는 이야기도 있다. 청나일은 백나일에 비해 월등히 많은 유량을 보유하고 있어 나일강 전체 유량을 좌우한다.

에티오피아 북부에 위치한 바흐다르는 청나일의 발원지인 타나 호수를 품고 있는 도시이다. '물의 도시'라는 별명을 가진 이곳은 물이 주는 풍요로움과 생동감이 넘친다. 바흐다르에는 에티오피아의 유명한 관광지 중 하나인 청나일 폭포가 있다. 청나일 폭포는 아프리카에서 두 번째로 큰 폭포로 높이 45미터, 폭 400미터의 큰 규모를 자랑한다. 에티오피아 사람들은 이 폭포를 '연기가 나는 물'이라고도 부르는데 높은 위치에서 수직으로 쏟아지는 엄청난 양의 물이 만들어내는 물보라가 연기처럼 주변에 자욱이 피어오르기 때문이다.

● 청나일 폭포

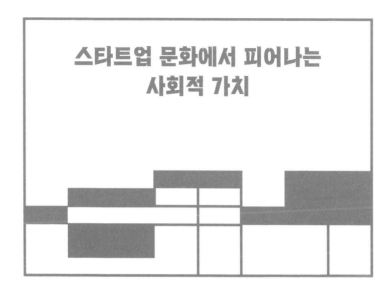

스타트업 문화에서 피어나는 사회적 가치

마취과 의사였던 한 에티오피아 청년이 병원으로 이송되는 동안 아무런 응급 처치를 받지 못하고 안타깝게 생을 마감하는 교통사고 환자들을 보고 '테비타앰뷸런스*Tebita Ambulance*'라는 회사를 창업했다. 테비타앰뷸런스는 응급 수송을 위한 민간 구급차 운행, 응급 처치를 위한 훈련 센터 설립 등을 통해 기존 에티오피아 의료 시스템에서 부족했던 부분을 보완하고 있다.

이처럼 에티오피아에는 정부의 손이 닿지 않는 영역에 발빠르게 대응하는 사회적 스타트업이 점차 많아지고 있다. 그리고 이러한 기업들이 에티오피아의 모습을 빠르게 변화시키고 있다.

빠르게 성장하는 스타트업 생태계

2020년 기준 아프리카 인구 약 13억 명 중 70퍼센트가 30세 미만 청년층[24]이고 이 청년 인구는 2030년까지 두 배 이상 성장할 것으로 전망되고 있다.[25] 그래서 사람들은 아프리카를 '세계에서 가장 젊은 대륙'이라고 부른다.

젊은 동력은 스타트업 생태계가 빠르게 성장하도록 촉진하는 자양분이 되고 있다. 에티오피아 또한 1억 2,000만 명 중 청년층이 69퍼센트를 차지할 정도로 젊은 나라로 자연스럽게 스타트업 문화가 성장하고 있다. 미국 캘리포니아에 실리콘밸리가 있는 것처럼 에티오피아에는 '시바 밸리*Sheba Valley*'가 있다. 에티오피아 혁신 기업과 테크 기업의 중심지 역할을 하는 이곳에서 농업과 연계한 스마트팜 분야부터 핀테크, 의료, IT까지 다양한 스타트업이 활약하고 있다. 에티오피아 정부도 이러한 민간 부문 활성화를 경제 성장의 동력으로 삼고자 벤처 클러스터를 조성하고 스타트업 활성화에 박차를 가하고 있다.

스타트업으로 해결하는 사회 문제

대부분의 스타트업 기업은 기술의 고도화와 혁신의 측면에 집중하고 있다. 하지만 에티오피아의 스타트업 기업들은 사회 문제를 해결하는 데 초점을 맞추고 있다. 이는 놀라우면서도 주목할 만한 현상이다. 세계 평균에 훨씬 못 미치는 척박한 경제 환경이 역설적으로 청년들을 움직이게 해 국가가 해결하지 못하는 부분을 보완하는 비즈니스가 생겨나고 있기 때문이다. 실제로 에티오피아의 스타트업 대부분은 사회 문제 해결을 위한 사회적 기업의 성격을 띠고 있다.

이러한 경향을 보여주는 대표적인 사례가 바로 '여성들의 참여'이다. 일반 기업은 여성 리더가 4.5퍼센트에 불과하지만 에티오피아 사회적 기업은 여성 리더가 28퍼센트에 육박할 만큼 여성의 참여 비중이 높다.[26] 이러한 배경에는 성차별을 극복하고자 하는 여성들의 의지가 있다. 에티오피아의 스타트업 생태계는 고착화된 기존 체제를 허물고 여성이 사회로 진출할 수 있도록 기회를 제공한다. 그리고 에티오피아의 젊은 여성들은 이러한 기회를 발판 삼아 그들의 역량을 펼쳐나가고 있다.

아프리카 스타트업의 선구자

2019년 10월, 에티오피아는 개발도상국 최초로 사회적기업 월드포럼Social Enterprise World Forum을 개최해 사회적 기업을 중심으로 한 스타트업 문화를 선도하고 있다. 'Local Traditions, Fresh Perspectives'라는 주제로 열린 이 포럼은 아프리카,

● 사회적기업월드포럼 2019 로고

국제 개발, 청년 등의 키워드로 진행되었으며 에티오피아뿐 아니라 아프리카 전역에서 활동하는 스타트업 기업 다수가 참가했다.

직면한 문제를 외면하지 않고 스스로 문제의 답을 찾아가는 에티오피아의 젊은 기업들을 보며 이들이야말로 에티오피아의 활기차고 다채로울 미래를 보여주는 단서가 아닐까 생각해본다.

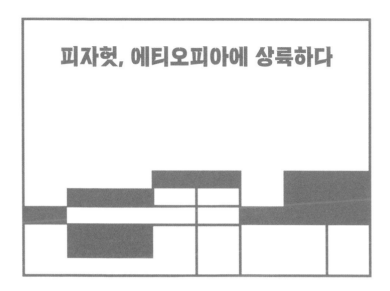

피자헛, 에티오피아에 상륙하다

1년간의 에티오피아 생활을 마치고 한국에 돌아와 가장 먼저 찾은 음식은 김치찌개도 제육볶음도 아닌 맥도날드의 햄버거였다. 물론 그 당시 아디스아바바에 서구식 음식점이 없는 것은 아니었다. 하지만 우리가 아는 글로벌 프랜차이즈 식당은 아직 들어오지 않을 때였다. 한번은 아디스아바바 시내를 돌아다니던 중 KFC라는 간판을 발견하곤 반가운 마음에 가보았는데 'Konjo● Fried Chicken'이어서 실망하기도 했다.

어느 나라를 여행하든 흔히 만날 수 있는 글로벌 프랜차이즈 식당이 에티오피아에는 없다. 왜 진출하지 않았을까?

● 암하릭어로 '최고'라는 뜻

에티오피아에 글로벌 프랜차이즈가 진출하지 않은 가장 큰 이유는 에티오피아의 시장 상황에 있다. 높은 인플레이션율과 환율 변동성은 자재 조달과 안정적인 수익 창출을 어렵게 했고, 에티오피아에서 거둔 수익을 해외 본사로 송환하기 어려운 환경 또한 장애물로 작용했다. 게다가 이러한 환경은 거시적인 경제 상황도 원인이었지만 글로벌 프랜차이즈의 현지 진출에 우호적이지 않은 에티오피아 정부의 태도에서 기인했다.[27]

● 피자헛 로고

이러한 상황에서 2018년 4월, 글로벌 프랜차이즈로는 처음으로 피자헛이 아디스아바바에서 문을 열었다. 피자헛 1호점 오픈 행사에는 주에티오피아 미국대사, 피자헛 모기업 대표, 에티오피아 정부 관계자들이 대거 참석했다. 이는 에티오피아에서의 피자헛 매장 오픈이 단순한 식당 개업 이상의 의미였다는 것을 보여준다.[28] 실제로 피자헛 오픈을 계기로 에티오피아에서는 글로벌 프랜차이즈의 현지 진출, 패스트푸드를 필두로 한 서구 문화의 유입 등에 관해 많은 논의가 이루어졌다. 과연 피자헛의 에티오피아 진출이 어떠한 측면에서 중요한 이슈가 되었는지 글로벌 대기업의 관점 및 에티오피아 내 찬반 입장을 통해 알아보도록 하자.

먼저 피자헛으로 대표되는 글로벌 기업의 관점에서 보자면, 에티오피아는 새로운 기회의 땅이다. 다른 나라에 비해 상대적으로 저렴한 에티오피아의 인건비는 서비스업에서는 매력적인 요소이다. 에티오피아에 다른 글로벌 기업이 진출해있지 않은 상황이었으므로 유사 업종 간의 경쟁이 덜하다는 장점도 있다. 마지막으로 피자헛이 사하라 이남 아프리카 지역으로 사업을 확장하기 위한 첫 번째 거점으로 에티오피아를 선택했다는 것이다. 실제로 사하라 이남 아프리카 지역에는 글로벌 프랜차이즈들의 진출이 더딘 상황인데 피자헛은 사업 지역을 확장하는 전략의 하나로 에티오피아 시장을 공략했다고 한다.[29]

피자헛의 진출을 반기는 이들은 글로벌 프랜차이즈가 불러올 고용 효과에 대해 이야기한다. 에티오피아는 노동 가능 인구가 급속히 증가해 젊은 층의 실업률에 대한 고민이 많다. 피자헛과 같은 글로벌 기업이 들어온다면 청년들의 일자리가 많아지는 긍정적인 효과가 기대된다는 것이다. 더불어 해외 자본의 진출이 에티오피아에서 성공 사례를 남긴다면 다른 해외 투자자에게 긍정적인 신호를 보내는 효과를 불러올 수 있다. 폐쇄적인 에티오피아 경제가 해외 자본의 주목을 받는다면 다양한 투자로 이어져 경제 성장의 마중물이 될 것이라는 입장이다.

피자헛의 진출을 반기는 이유는 문화적인 측면에서도 찾아볼 수 있다. 에티오피아 20~30대 청년은 해외 경험이 많으며 미디어를 통해 서구 문화를 익숙하게 접한 세대이다. 이들은 미디어를 통해 접한 것들을 그들이 살고 있는 곳에서도 동일하게 경험해보기를 원한다. 아디스아바바의 피자헛 오픈 이후 한동안 끝이 보이지 않는 긴 대기 행렬이 펼쳐졌던 것을 보면 에티오피아 사람들이 글로벌 기업의 진출을 비롯한 새로운 문화를 기다려왔다는 사실을 짐작할 수 있다.[30][31]

글로벌 기업 진입에 대한 우려의 시선

긍정적인 입장과는 반대로 피자헛의 진출을 걱정 어린 시선으로 바라보는 사람도 있다. 피자헛 같은 패스트푸드 문화가 전통문화를 해칠 우려가 있다고 보는 것이다.

인제라로 대표되는 에티오피아의 전통 식문화는 음식을 사람들과 함께 천천히 즐기는 문화인데 패스트푸드는 이와는 정반대이기 때문이다. 이러한 우려는 젊은 세대가 서구 문화를 우상화해 전통문화를 잊어버릴 것이라는 극단적인 주장으로 이어지기도 했다.

가격적인 측면에서 보더라도 프랜차이즈 음식은 현지 음식보다 월등히 비싸 도시의 중산층을 제외한 사람들이 과연 이 음식을 즐겨 먹을 수 있을지에 대한 시각도 있었다. 가격 장벽

이 문화적 양극화를 야기할 수 있다는 것이다.

건강 측면에서도 패스트푸드 유입은 비만과 각종 성인병 위험을 높일 수 있다는 의견도 있었다. 인제라를 비롯한 에티오피아 전통 음식은 영양소가 풍부하고 완성도 높은 음식이지만 패스트푸드는 국민의 건강을 해칠 것이라는 걱정 어린 시선이다.[32][33][34]

사실 피자헛이 들어오기 이전에도 피자는 에티오피아에서 매우 대중적인 음식이었다. 하지만 빨간 모자 로고가 새겨진 미국 피자가 에티오피아에 들어온 사건은 단순한 음식이 아닌 새로운 문화의 유입이라는 측면에서 신선한 충격이었던 것 같다.

에티오피아는 전 세계에서 가장 젊은 국가 중 하나이며 이제 막 세계화에 합류한 국가이다. 앞으로 더 많은 외부 문화와 자본이 에티오피아로 흘러들어올 텐데 과연 에티오피아는 이를 어떤 방식으로 받아들이고 고유문화와 융합하며 살아갈지 관심이 주목된다.

함께 생각하고 토론하기

이집트뿐 아니라 동부 아프리카 여러 국가를 가로지르는 나일강은 각 국에 미치는 영향이 크기 때문에 이를 둘러싸고 다양한 이해관계가 생기고 있습니다. 2011년 에티오피아는 청나일 상류 지역에 그랜드 에티오피아 르네상스댐을 건설했습니다. 댐의 저수량은 740억 톤으로 한국 최대 규모인 소양강댐의 25배 이상입니다. 이와 관련해 청나일의 혜택을 누리던 나라 간의 이해가 상충하고 있으며 그중 에티오피아와 이집트의 이해관계가 매우 극명하게 나타나고 있습니다.

● 전 세계적으로 자국우선주의(자국의 이익을 최우선에 두는 정책)를 기조로 하는 국가가 많아지고 있습니다. 그랜드 에티오피아 르네상스댐에 관한 논쟁은 수자원을 중심으로 한 국가 간 상충되는 이해관계를 극명하게 보여주는 사례입니다. 자국우선주의에 대한 찬성과 반대의 입장을 나눠 토론해봅시다.

●● 에티오피아와 이집트 간의 논쟁이 무력을 통한 분쟁으로 격화될 조짐이 보이자 미국과 세계은행은 이를 중재하기 위해 교섭을 진행했습니다. 그랜드 에티오피아 르네상스댐을 둘러싼 주변국과의 갈등을 조율할 수 있는 방법에 대해 이야기해봅시다.

3부

역사로 보는 에티오피아

그대들 모두는
우리의 선열들의 가슴에 타올랐던
자유와 국제 정의를 세계에 증언하도록
선택받은 자이기 때문이니라.

- 하일레 셀라시에 황제의 강뉴부대 파병 연설 중

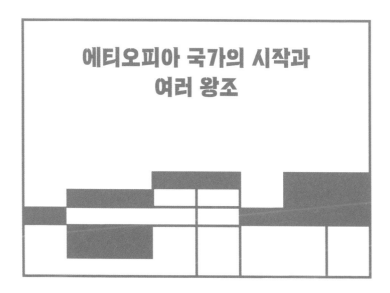

에티오피아 국가의 시작과 여러 왕조

우리나라가 여러 왕조를 거쳐 지금의 대한민국이 된 것처럼 에티오피아도 찬란한 왕조의 역사를 지니고 있다. 고대의 악숨 왕국을 이은 자그웨 왕조를 지나 1270년 예쿠노 암라크 *Yekuno Amlak* 황제가 자신을 솔로몬의 후예라고 주장하며 솔로몬 왕조 시대를 열었고 잠시 이탈리아에 점령되는 아픔도 겪었다.

지금의 에티오피아가 있기까지 어떤 왕조들이 흥망성쇠를 거쳤는지 살펴보도록 하자.

에티오피아의 출현

에티오피아 건국 배경에 대해 학자들의 의견은 증거를 바탕으로 하는 입상과 신화를 기반으로 하는 입장으로 나뉜다. 학자들 중에서도 역사학자와 인류학자는 주장하는 바가 서로 다르다. 그리스의 역사학자 헤로도투스*Herodotus*는 아프리카 남쪽 사하라 지역에 에티오피아가 있었다고 주장했지만 인류학자들은 '에티오피아의 원조 국가인 악숨 왕조는 셈어를 사용하는 시바인들이 아라비아 남쪽 예멘에서 홍해를 건너 에리트레아와 에티오피아 지역에 정착해 건국되었다'고 주장한다. 또한 신화집《케브라 네게스트*Kebra Negast*》 에는 솔로몬 왕과 시바의 여왕 사이에서 태어난 메넬리크 1세*Menelik I*가 에티오피아를 건국했다고 기록되어있다. 이렇듯 에티오피아의 기원에 대해서는 여러 주장이 존재한다.

THE QUEEN OF SHEBA.—s Chron. ix.

● 시바의 여왕

에티오피아는 인류의 어머니인 루시가 발견된 지역이어서 아주 오래전부터 사람이 거주했으나 세계사 기록에 등장하기 시작한 시점은 기원전 500년 무렵이다. 페르시아 황제인 캄비세스 2세*Cambyses II*가 에티오피아를 침략했으나 에티오피아가 이 침략을 막아내고 독립을 유지했다는

● '왕의 연대기'라는 의미로, 고대 왕국의 전설이 담긴 신화집이다.

역사적 사실이 기록되면서부터이다. 당시 페르시아는 이집트를 정복할 정도로 강대국이었다. 하지만 하베샤*habesha**들의 맹렬한 저항은 이기지 못했다고 한다.[35]

악숨 왕조(A.D.100~940)

에티오피아는 악숨 왕조에서부터 시작되었다고 보는 것이 가장 보편적으로 받아들여지는 정설이다. 악숨 왕조는 1세기 무렵 현재 에티오피아의 악숨 지역에서 시작된 왕조로 에티오피아 왕국이 최전성기를 누렸던 시기이다. 이 시기 에티오피아는 북쪽으로는 남부 이집트, 동쪽으로는 아덴만, 남쪽으로는 오모강, 서쪽으로는 쿠시 왕국 지역*에 이르는 넓은 지역을 장악했다.[36]

경제 성장 속도가 빨랐던 악숨 왕조는 사회적으로 과소비가 만연했으며, 7세기경 신흥 이슬람 세력이 침략하면서 세력이 약화되었다. 특히 악숨 왕조의 번영은 홍해를 통한 무역에 기인한 부분이 많았는데 이 무렵 무역로 관할권을 상실하며 쇠

• 에티오피아 사람을 의미하는 암하릭어
• 쿠시 왕국(B.C.900~A.D.350)은 고대 아프리카 왕조 중 하나로 이집트에서 에티오피아 북부 지역까지 통치했다.

퇴의 길을 걷게 되었다.

현재 악숨이라는 이름은 티그라이주의 도시 이름으로 남아 있다. 이 지역에 가면 수백 개의 오벨리스크를 비롯한 엄청난 유적들이 남아있어 과거의 찬란했던 악숨 왕조의 모습을 엿볼 수 있다.

자그웨 왕조(900~1270)[37]

자그웨 왕조는 에티오피아 북동부의 라스타 산악 지역에 세워진 왕조로 오늘날 에티오피아 북부 지역과 에리트레아 지역을 다스렸으며 랄리벨라를 수도로 삼았다.

악숨 왕조와 비교해 크게 두드러진 영향력이 있지는 않지만 오늘날 에티오피아의 자랑이자 세계적으로 중요한 기독교 유산인 랄리벨라의 암굴교회를 세운 왕조로 유명하다.

에티오피아 제국: 초기 솔로몬 왕조(1270~1936)

1270년경 솔로몬 왕조를 수립한 예쿠노 암라크 황제는 자신이 솔로몬의 자손이라고 주장하며 솔로몬 왕조의 시대를 열었다. 많은 역사가가 이 솔로몬 왕조부터 에티오피아 제국 시기라고 정의한다. 이 왕조는 1936년 이탈리아의 침략 전까지 약 700년 가까이 지속되었다.

1600년대 수세뇨스*Susenyos* 황제가 국민에게 천주교를 강요하자 내전이 발생했다. 이 내전으로 약 3만 2,000명이 죽거나 다쳤다. 이에 수세뇨스 황제의 아들 파실리데스*Fasilides* 황제가 1636년 곤다르를 수도로 정하며 새로운 황금기를 열었는데 이때부터 곤다르 시대로 분류하기도 한다.

이 시기 에티오피아 지역에는 봉건 왕조가 곳곳에 퍼져 있었다. 이를 1855년 테오도로스*Tewodros II* 황제가 수많은 봉건 세력을 통합하면서 에티오피아 제국의 근대화가 시작되었다. 도로 건설과 상비군 창설, 암하릭어 사용 등 근대화를 위해 노력했던 테오도르스 황제는 '에티오피아의 표트르 대제'라고도 불린다. 그는 에티오피아 내 여기저기 흩어진 민족집단을 하나로 모으기 위해 중앙 집권화를 꾀했지만 내부에서는 지방 이슬람 세력들의 저항에 부딪혔고 외부에서는 이슬람 국가인 이집트의 침략을 받아 어려움을 겪었다. 결국 1868년 영국군의 침략으로 나라를 잃을 위기에 처하자 그는 포로가 되기를 거부하며 총으로 자결했다.

1889년부터 왕권을 잡은 메넬리크 2세는 에티오피아 제국의 전성기를 이끈 왕이자 근현대사의 물꼬를 튼 왕이다. 그는 에티오피아를 기독교 국가로 확립했다. 이는 아프리카에서 보기 드물게 기독교를 국교로 지정한 사례이다.[38]

또한 메넬리크 2세는 남북에 흩어져 있던 민족집단들을 에티오피아 제국 테두리 안으로 편입시켜 제국의 영토를 확장하고 정리했다. 그 결과 에티오피아 제국은 지역 내에서 확장을 거듭했다.

하지만 국제 정세는 에티오피아 제국에 호의적이지 않았다. 서방 세력들이 아프리카 대륙을 식민지로 만들기 위해 물불을 가리지 않는 시기였기 때문이다.

이때 이탈리아가 에티오피아에 눈독을 들였다. 튀니지를 정복하는 데 실패한 이탈리아는 에티오피아로 관심을 돌렸고 결국 침공했다. 하지만 메넬리크 2세가 이끄는 에티오피아 군대가 대승을 거둠으로써 나라를 지킬 수 있었다.

사보이아 왕조(1936~1941)

사보이아 왕조는 이탈리아가 에티오피아를 침략해 무단으로 다스리던 시기의 왕조이다. 빅터 엠마뉴엘 3세 *Victor Emmanuel III*가 통치하던 이탈리아 왕국의 일부분으로 이탈리아의 아프리카 식민지 확장을 위해 만들어졌다.

이탈리아는 에티오피아를 통치하려 했지만 하일레 셀라시에 황제를 중심으로 군사 작전을 펼치며 항전을 지속했다. 결국 이탈리아는 에티오피아를 무단 점거하기는 했지만 완전한 식민지화하는 데는 실패했다. 1941년 에티오피아는 이탈리아를 몰아내며 완전한 독립을 지켜내는 데 성공했다.

에티오피아 제국: 후기 솔로몬 왕조(1941~1974)

서구 강국 이탈리아를 물리친 하일레 셀라시에 황제는 계속해서 솔로몬 왕조를 이어나갔다. 이렇게 다시 시작된 에티오피아 제국을 후기 솔로몬 왕조라고 한다.

이 시기 하일레 셀라시에 황제는 근대화를 위한 개혁 정책을 시도했고 헌법을 수정했다. 에티오피아군이 한

● 하일레 셀라시에 황제

국전쟁에 참전을 결정하고 파병한 것도 이 시기이다.

이처럼 여러 방면에서 에티오피아 제국의 발전을 위해 노력했지만 하일레 셀라시에 황제는 대기근에 따른 민심 이반과 왕권 신수설에 반감을 가진 반대 세력들의 쿠데타에 의해 폐위되었고 에티오피아 제국은 역사에서 막을 내렸다. 이후 맹기스투 하일레 마리암*Mengistu Haile Mariam*이 집권하는 사회주의 체제가 들어섰다.

에티오피아의 또 다른 이름, 아비시니아

에티오피아 제국 시기 에티오피아를 칭하는 이름은 '아비시니아 *Abyssinia*'였다. 에티오피아의 정체성이자 또 다른 이름이라고 할 수 있을 정도로 에티오피아에서 생활하다 보면 식당, 회사, 은행, 호텔 등 다양한 곳에서 아비시니아라는 이름을 볼 수 있다. 아직도 일부 서구권 국가는 에티오피아를 아비시니아라고 부르기도 한다.

아비시니아는 에티오피아 지역에 살던 사람들을 '하베샤'라고 부르던 것에서 기인한 것으로 이를 라틴어로 표기하면 아비시니아라는 이름이 된다. 고대 악숨 왕국부터 아비시니아의 에티오피아 제국에 이르기까지 격동의 시기를 지나온 에티오피아의 유구한 역사는 에티오피아 사람들의 자랑이 되기에 충분하다.

실제로 에티오피아 사람들과 대화하다 보면 그들이 걸어온 길에 대한 자부심을 느낄 수 있다. 에티오피아의 역사는 비단 에티오피아 뿐 아니라 주변 아프리카 국가에도 지대한 영향을 미치고 있다. 서구 침략에서 나라를 지켜낸 독립성, 사회주의 정권을 몰아내고 수립한 민주주의 등은 주변국에 귀감이 되고 있다.

시바의 여왕과 메넬리크 이야기

에티오피아 사람들은 자국에 대한 높은 자부심을 갖고 있다. 이러한 국민성을 가진 이유는 다양한데 그중 가장 큰 이유는 자신들이 성경에 등장하는 솔로몬 왕의 후손이라는 믿음에서 비롯되었다. 에티오피아 사람들의 이러한 믿음은 14세기경에 집대성된 《케브라 네게스트》와 성경을 통해 엿볼 수 있다.

성경에 등장하는 에티오피아

성경에는 솔로몬 왕의 지혜가 뛰어나다는 소문을 듣고 시바의 여왕이 이스라엘로 찾아왔다는 이야기가 나온다. 여기서 말하는 '시바 *Sheba*'가 바로 지금의 에티오피아이다. 솔로몬의 명성을 확인하기 위해 이스라엘로 찾아간 시바의 여왕은 솔로몬의 지혜를 시험하는 여러 질문을 던졌고 솔로몬의 거침없는 답변에 감동해 많은 보물을 주었다고 한다. 성경이 전하는 이야기는 여기까지지만 《케브라 네게스트》에는 흥미로운 뒷이야기가 담겨있다.

《케브라 네게스트》에 나오는 에티오피아

에티오피아로 돌아간 시바의 여왕은 솔로몬 왕의 아들을 낳았다. 그

아들이 바로 악숨 왕조의 건국 아버지인 메넬리크 황제이다. 메넬리크가 성인이 되어 아버지 솔로몬을 찾아갔고 솔로몬은 메넬리크에게 자신의 후계자가 되어 이스라엘을 다스려 달라고 요청한다. 하지만 메넬리크는 아버지의 제안을 거절하고 어머니의 모국인 에티오피아로 돌아온다. 이때 솔로몬이 에티오피아로 돌아가는 아들에게 준 선물이 바로 '모세의 언약궤'이다.

모세의 언약궤는 이스라엘 민족이 하나님의 백성이라는 언약을 맺은 뒤 만든 상자이다. 십계명이 새겨진 돌판 두 개가 담겨있다고 전해지는 이 언약궤는 이스라엘 민족의 정체성을 상징하는 것이자 기독교 역사에서 매우 중요한 보물이다. 이 언약궤의 행방은 아직까지 묘연한 상태인데 《케브라 네게스트》는 그 보물이 에티오피아에 있다고 기록하고 있다. 에티오피아 사람들은 메넬리크가 에티오피아로 돌아올 때 모세의 언약궤를 갖고 왔으며 악숨에 있는 성 마리아 시온 교회에 보관되어있다고 믿고 있다.

사실 이 신화는 1321년에 쓰여진 것으로 에티오피아 제국이 수립되고 난 후 만들어진 터라 진위 여부가 확실하지 않다. 새로운 왕조의 정통성을 수립하기 위한 하나의 신화로 여겨지기도 한다.[39]

에티오피아에 살고 있는 유대인

솔로몬 왕과 시바의 여왕 이야기가 신화로만 존재하지 않는다는 흥미로운 사실이 있다. 1980년 이스라엘은 에티오피아 사람들을 자국으로 데려오는 일명 '솔로몬 작전'을 펼쳤다. 그 이유는 일부 에티오피아 사람들을 자신들과 같은 뿌리의 유대인으로 인정했기 때문이다. 이들은 '베타 이스라엘*Beta Israel*(이스라엘의 집이라는 뜻)' 또는 '검은 유대인'으로 불리며 에티오피아의 가장 북쪽인 암하라, 티그라이 지역에 살고 있는 유대인 공동체에 소속된 사람들이다.

통상적으로 이스라엘의 유대인들은 민족적 정체성을 분명하게 하기 위해 유대인의 인정 범위를 엄격하게 구분한다. 유대인이 이방인과 결혼하면 그 자녀들을 유대인으로 인정하지 않을 정도이다.[40] 이토록 엄격한 잣대를 가진 이스라엘이 검은 유대인이라고 불리는 에티오피아 사람들을 같은 혈통으로 인정하고 자국으로 송환했다는 사실은 매우 놀랍다. 실제로 역사와 신화의 경계에 있는 에티오피아의 역사에 대한 단서를 제공해주는 듯한 느낌이 들기도 한다.

차별받는 에티오피아 출신 유대인

시바의 여왕에서 시작된 이야기는 에티오피아 유대인들의 삶에 대한 이야기로도 이어진다. 현재 이스라엘에는 약 12만 명의 에티오피아 출신 유대인이 살고 있다. 농업 위주의 삶을 영위하던 이들이 현대화된 이스라엘에 정착하기란 쉬운 일이 아니었다. 언어와 문화가 달라 차별 대우를 받기도 했다.[41]

한편 이스라엘로 이주하지 못한 에티오피아 유대인들은 악숨에 남아 자신들의 뿌리를 지키며 그 혈통을 이어나가고 있지만 슬프게도 '팔라샤*Falasha*(이방인이라는 뜻)'라고 불리며 에티오피아 사회에서 배척당하고 있다. 정교회는 이들에게 끊임없이 개종을 요구했고 이를 거부한 유대인들은 토지 몰수와 같은 수난을 겪었다.[42] 이스라엘 귀환 명단에 포함되지 않은 이들은 귀향을 염원하며 하루하루를 살아가고 있다. 찬란했던 시바의 여왕 후손들이 다시 빛을 보는 날이 과연 올 수 있을까.

성경 속 역사와 신화는 에티오피아가 기독교 신앙과 문화를 바탕으로 나라를 유지할 수 있었던 원동력이었다. 종교 또는 신화가 한 나라 사람들의 믿음과 정체성, 삶의 방식을 크게 좌우하고 변화시킬 수 있다는 사실이 매우 흥미롭게 느껴진다.

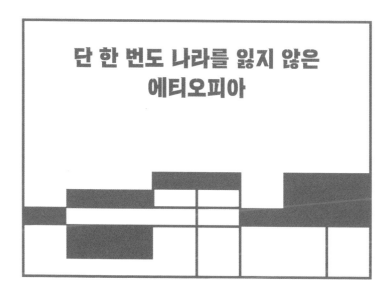

단 한 번도 나라를 잃지 않은 에티오피아

아프리카 대륙의 수많은 국가가 제국주의 열강의 침략과 전쟁으로 식민 지배를 당했다. 하지만 그중 단 두 국가, 에티오피아와 라이베리아는 식민 지배를 겪지 않았다. 에티오피아 사람들과 대화하다 보면 이러한 자국의 역사에 긍지를 가지고 있음을 느낄 수 있다. 에티오피아가 그들의 자유를 수호해온 역사를 살펴보면 이들의 자긍심의 근원을 알 수 있다.

에티오피아는 기원전 500년 무렵 페르시아 황제 캄비세스 2세에 의해 침략당했으나 나라를 빼앗기지 않았다. 그 후로도 오랫동안 누구에게도 민족과 영토를 빼앗기지 않고 그들만의 역사를 이어나갔다. 다만 이탈리아기 등장하며 두 번의 큰 전쟁으로 위기를 겪었다.[43]

제1차 에티오피아-이탈리아 전쟁

먼저, 제1차 에티오피아-이탈리아 전쟁(1895~1896)의 배경에는 '우찰레 조약'이 있다. 이 조약은 메넬리크 2세가 즉위하며 본인의 왕위 계승 과정을 후원해준 이탈리아 왕국에 대한 보답으로 에티오피아 북부 에리트레아 지역을 이탈리아에 넘겨준 조약이다.

우찰레 조약을 맺을 당시만 해도 이는 양국의 우호 증진을 위한 전략적인 결정이었다. 하지만 이탈리아가 우찰레 조약에 명시되어있던 외교권 관련 조항을 확대 해석해 에티오피아의 외교에 간섭하려 하면서 양국의 관계가 급격히 틀어졌다.

메넬리크 2세는 외교권을 침범하려는 이탈리아 왕국에게 조약 폐기를 선언했고 이를 빌미로 이탈리아는 에티오피아를 식민지로 만들기 위한 전쟁을 벌였다. 하지만 서구 열강으로부터 나라를 지키기 위해 만반의 준비를 하고 있었던 에티오피아군은 이탈리아군이 만만하게 볼 상대가 결코 아니었다. 결과적으로 이탈리아는 에티오피아와의 전쟁에서 패배했다.

특히 아드와 전투는 아프리카 국가가 식민 지배를 위해 침략한 적군을 상대로 대승한 매우 의미 있는 전쟁으로 에티오피아는 물론 아프리카 역사에서도 손에 꼽히는 전투로 기억된다. 에티오피아는 3월 2일 '아드와 전승기념일'을 국가 공휴일로 정해놓았다.

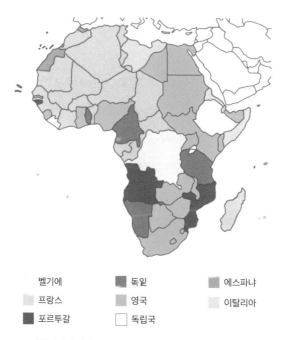

벨기에	독일	에스파냐
프랑스	영국	이탈리아
포르투갈	독립국	

● 베를린회의 결과 형성된 아프리카 지도. 베를린회의에서 서구 열강들이 식민 지배하는 지역의 영토를 합의했고, 에티오피아는 제1차 에티오피아-이탈리아 전쟁에서 승리하며 독립국으로서의 지위를 인정받았다.

제1차 에티오피아-이탈리아 전쟁 후 양국은 '아디스아바바 조약'을 체결했다. 에티오피아는 이탈리아의 포로를 풀어주는 대가로 전쟁 승리금을 확보하고 국경선을 유리하게 조정하는 등 독립을 굳건히 지켜냈다.

제2차 에디오피아-이탈리아 전쟁

50여 년 후 이탈리아는 다시 한 번 에티오피아 제국을 침공했다. 이를 제2차 에티오피아-이탈리아 전쟁이라고 부른다. 당시 이탈리아의 베니토 무솔리니*Benito Mussolini* 총리는 국가주의와 파시즘 확장을 위한 첫 제물로 에티오피아 제국을 선택했고 아디스아바바 점령에 성공했다.

하일레 셀라시에 황제는 이탈리아의 위협을 피해 잠시 영국으로 망명을 떠나는 수모를 겪었고, 이탈리아는 자국의 국왕을 에티오피아 황제라고 선언하며 에티오피아에 꼭두각시 정부를 수립했다. 이때 이탈리아는 '이탈리아령 동아프리카'를 만드는데 이는 에티오피아, 에리트레아, 소말리아, 소말릴란드 지역의 일부를 통합한 이탈리아의 식민지 왕국을 일컫는 명칭이었다.

에티오피아가 이탈리아의 지배를 받던 당시 국제연맹은 에티오피아의 호소에도 불구하고 이탈리아의 부당한 침략을 방관했고 이러한 안일함은 이탈리아를 비롯한 주요 전범국들이 세력을 확장하는 빌미가 되어 제2차 세계 대전이 일어나는 비극적인 결말로 이어졌다.

이탈리아의 무력 강점 시기 에티오피아는 국가를 지키기 위해 끝까지 이탈리아에 대항했다. 꾸준한 반격과 게릴라 공격으로 이탈리아를 끊임없이 괴롭혔고 마침내 제2차 세계 대전 말미 연합군의 지원을 받아 다시금 국권을 회복했다.

　에티오피아는 정신적으로도 그들의 존엄성을 끝까지 사수했다. 하일레 셀라시에 황제는 국제연맹에 참석해 이탈리아의 제국주의 침략을 강하게 비판했고 그 결과 미국과 소련 등 강대국은 이탈리아의 에티오피아 점령에 대한 합법성을 인정하지 않았다. 에티오피아는 결국 하나의 독립된 국가로서의 지위를 끝까지 지켜낸 것이다.

범아프리카주의

나라를 지키기 위한 에티오피아의 노력은 다른 아프리카 국가와 흑인 문화권에 큰 감명을 주었다. 재미있는 사실은 에티오피아가 성공적으로 독립을 유지하자 지구 반대편 나라인 자메이카에 이를 추종하는 종교가 생겼다는 것이다. 바로 하일레 셀라시에의 본명인 '라스 타파리 머콘느*Ras Tafari Mekonnen*'*의 이름을 딴 '라스타파리교'이다.

백인이 흑인보다 우월하다는 사상이 잘못되었음을 주장하는 범아프리카주의 개혁가들에게 에티오피아는 '자각한 흑인의 상징'이었고 에티오피아의 역사적 걸음은 엄청난 지지를 받았다. 전 세계적으로 유명한 레게 스타 밥 말리*Bob Marley*는 범아프리카주의에 영향을 받아 자신의 음악 세계를 개척했고, 자메이카에 사는 일부 사람들은 에티오피아 언어인 암하릭어를 배우고

● 남미 길거리에 그려진 하일레 셀라시에
황제 벽화

사용하며 암하릭어를 신성한 언어로 여긴다고 한다. 이렇게 에티오피아 제국은 자국뿐 아니라 세계 문화에도 영향을 끼쳤다.

● 재위 기간 동안 황제로서 사용한 이름

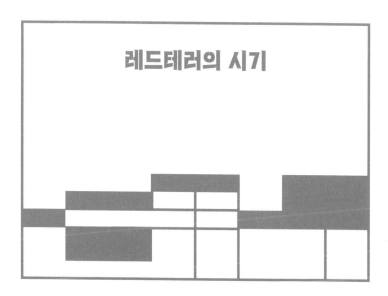

레드테러의 시기

독립국으로서의 자긍심을 지키고 근현대사의 기반을 닦으며 성장하려던 시기 에티오피아는 또 다른 시련을 겪었다. 1974년 멩기스투 하일레 마리암을 중심으로 한 군부 쿠데타가 일어나 하일레 셀라시에 황제는 폐위되고 그 자리에 데르그^{Derg}라는 군부 중심의 사회주의 정부가 들어선 것이다.

멩기스투 정권과 사회주의

에티오피아에 들어선 사회주의 정권은 미국과 소련을 중심으로 한 세계적 이념 갈등을 그대로 반영했다. 멩기스투 정권이 들어서며 에티오피아 내 미국을 비롯한 민주주의 세력은 자리를 잃었고, 1977년 에티오피아-소련 간 우호 조약이 체결되면서 에티오피아는 친소 국가가 되었다.

1977년 소말리아의 독재자였던 모하메드 시아드 바레 *Maxamed Siyaad Barre*가 에티오피아를 침공했을 때 에티오피아는 소련의 지원을, 소말리아는 미국의 지원을 받았고 이후 에티오피아는 소련을 중심으로 하는 사회주의 진영의 편에 섰다.

멩기스투 군사 정부는 종교 탄압, 반군 처형 등 강압적인 리더십으로 사회주의 체제를 공고히 하려 했다. 또한 1987년 에티오피아 인민민주공화국*People's Democratic Republic of Ethiopia*을 선포하며 13년간 이어온 임시 군사 정부 체제를 폐지하고 에티오피아를 민정 국가로 만들었다.

하지만 1989년부터 티그라이 인민해방전선*TPLF, Tigray People's Liberation Front*을 중심으로 한 세력이 멩기스투 공산 독재 정권에 지속적으로 저항했고 1990년 미소 냉전 체제가 종식되면서 소련을 비롯한 사회주의 국가의 지원이 끊김에 따라 멩기스투 정권은 점차 힘을 잃었다.[44][45] 결국 에티오피아 사회주의 정권은 1991년 멩기스투 하일레 마리암의 사퇴와 함께 역사의 뒤안길로 사라졌다.

1974~1991년 멩기스투 하일레 마리암이 집권해 에티오피아가 사회주의로 물들었던 이 시기를 '레드테러*Red Terror* 시기'라고 부른다. 멩기스투 하일레 마리암은 인류 역사상 가장 많은 사람을 죽인 독재자 중 하나로 꼽힐 정도로 본인의 체제에 반대하는 많은 이를 처단했다.

그는 사회주의 군부에 대적하는 이들을 반혁명주의자라고 칭했고, 그의 군부는 에티오피아의 마을 단위 조직인 케벨레를 감시 조직으로 활용해 체제에 반대하는 이들을 색출하고 죽였다. 레드테러 시기 데그르 정권에 의해 죽은 에티오피아 국민은 100만 명이 넘는다. 이는 아프리카 지역에서 발생한 최악의 대중 학살 중 하나로 기록되고 있다.

에티오피아는 그 당시 희생된 사람들을 기념하고 어두웠던 역사의 한 부분을 잊지 않기 위해 레드테러 박물관을 만들어 후대에 전하고 있다. 레드테러 박물관은 아디스아바바의 중심지이자 상징과도 같은 메켈레 광장 근처에 있다.[46]

레드테러의 시기는 우리도 돌아볼 필요가 있다. 에티오피아는 한국전쟁에 참여했다. 자유 민주주의를 수호하기 위해 그 어느 나라보다 앞장섰던 에티오피아는 역설적으로 사회주의로 인해 고통의 시기를 겪었다. 레드테러 시기의 희생자 중에는 한국전쟁에 참여했던 에티오피아 군인도 있었다고 한다. 멩기스투 군사 정부가 정권을 잡은 후 에티오피아는 1975년 북한과 수교하며 외교적으로 친밀한 관계를 유지했고 한국전쟁에 참가했던 장교들은 반정권 인사라는 명목으로 어려움을 겪었다. 에티오피아의 레드테러 시기는 에티오피아가 겪은 격동의 시기를 보여주는 상징과도 같다.[47]

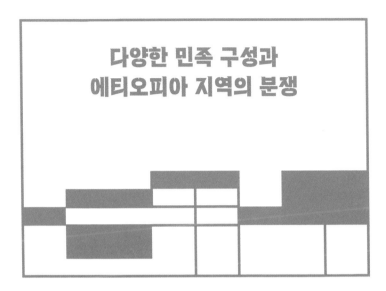

다양한 민족 구성과 에티오피아 지역의 분쟁

1억 1,000만 명[48]이 살고 있는 에티오피아에는 80여 개 민족이 있다. 단일 민족으로 구성된 우리나라와는 달리 아프리카 국가들은 여러 민족이 한 국가를 이루고 있다. 에티오피아 역시 다른 언어와 문화, 삶의 방식을 영위하는 여러 민족이 하나의 국가를 형성하고 있다.

민족을 구별하는 데는 여러 요소가 있지만 그중 언어는 중요한 역할을 한다.[49] 에티오피아의 다양한 언어 또한 민족의 기원과 연관이 깊다.

    80여 개의 민족 중 오로모족은 전체 인구의 약 35.8퍼센트를 차지할 정도로 규모가 가장 크다. 이 외에 암하라족(24.1퍼센트), 소말리족(7.2퍼센트)과 티그라이족(5.7퍼센트)[50]이 에티오피아에 살고 있다. 에티오피아 민족 구성을 살펴보면 어떤 민족도 전체 인구의 절반 이상을 차지하고 있지 않아 권력 이동이 언제든지 일어날 수 있어 보인다.

    에티오피아에 사는 민족들은 영토와 종교 및 권력을 둘러싸고 수세기 동안 크고 작은 전쟁을 치러왔다. 19세기 전까지는

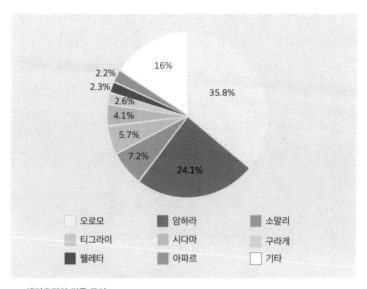

● 에티오피아 민족 구성

136

주로 오로모족과 암하라-티그라이족이 세력 균형을 유지하고 있었고, 지금의 에티오피아 국경과 민족 구성을 갖추기 시작한 것은 19세기 후반 메넬리크 2세 때부터이다.[51]

에티오피아 민족 갈등의 시작

1990년대 초반 사회주의 정권이 붕괴된 후 에티오피아는 연방제로 나라를 통치하기 시작했다. 민족별로 자치를 실현할 수 있도록 지방 분권화를 한 것이지만 민족 간의 대립과 권력 다툼은 계속 이어졌다. 아무리 지방 분권화를 지향했다 하더라도 연방제를 움직이는 국가 원수인 총리와 핵심 정당이 있었고, 정권의 정책과 제도에 따라 집단 간의 이해관계가 생겨났기 때문이다.

1991년부터 20년 이상 소수 민족인 티그라이가 실권을 잡았다. 티그라이를 대표하는 티그라이인민해방전선이 티그라이족의 이익을 대변하는 정책을 펼친 것이다. 상대적으로 인구가 많은 오로모족과 암하라족의 불만은 커져갈 수밖에 없었다.

오로모족과 암하라족 입장에서는 에티오피아 인구의 10퍼센트도 되지 않는 티그라이족이 에티오피아 전체를 움직이는 것이 정당하지 않다고 생각했다. 결국 티그라이인민해방전선을 반대하는 대규모 시위가 전국에서 발발했고 2010년대 말

● 지역 곳곳에서 벌어지는 시위

티그라이인민해방전선과 티그라이족을 대표하는 총리가 완전
히 교체되었다.

에리트레아의 독립

티그라이족에 반기를 드는 이들 중에는 오로모족과 암하라
족뿐 아니라 이웃 국가인 에리트레아도 있었다. 사실 에리트레
아는 에티오피아의 일부였는데 1800년대 후반 이탈리아가 침
공하여 에티오피아 북부 지역을 점령했고, 1993년 독립해 지
금의 에리트레아가 되었다.

에티오피아 북쪽 해안가를 접하고 있던 에리트레아가 독립하면서 에티오피아는 바다가 없는 내륙 국가가 되었다. 그리고 에리트레아의 항구는 에티오피아와 바다를 잇는 중요한 요충지가 되었다.

양국은 처음에는 평화롭게 지냈지만 항구 사용 문제로 점차 갈등을 겪기 시작해 결국 에티오피아–에리트레아 전쟁(1998~2000)이 발발했다. 에리트레아는 이 전쟁을 주도했던 에티오피아 집권 정당인 티그라이인민해방전선에 대한 반감이 있었다.

지금도 진행 중인 민족 분쟁

2018년 에티오피아 최대 부족인 오로모족의 지지를 등에 업고 아비 아메드*Abiy Ahmed Ali*가 40대의 젊은 나이에 총리로 취임했다. 아비 아메드는 무슬림인 오로모족 아버지와 정교회 신자인 암하라족 어머니 사이에서 태어난 독특한 출신으로 유명세를 탔다. 그는 암하릭어, 오로모어, 티그라이어를 모두 구사할 수 있어 지금까지 이어져 오던 에티오피아 민족집단 간의 갈등을 끝내고 에티오피아의 통합을 이끌 만한 인물로 주목받았다.

실제로 아비 아메드는 취임 이후 깊은 갈등 관계에 있던 에

리트레아와 평화 협정을 선언하는 것을 비롯해 오랜 시간 이어
진 민족집단 간 갈등의 뿌리를 뽑기 위해 부단히 노력했고 이
를 인정받아 2019년 노벨 평화상을 수상했다. 그러나 오랜 기
간 이어진 갈등을 종식시키기에는 더 많은 시간이 필요한 듯
하다. 2020년 정권을 빼앗긴 티그라이족의 불만이 터져 나오
며 에티오피아 정부군과 티그라이인민해방전선 간 분쟁이 다
시 격화되었다.

2022년 에티오피아는 오로모-암하라-에리트레아 정부가
연합해 티그라이인민해방전선과 교전을 벌이고 있다. 이 무력
충돌로 애꿎은 민간인 희생이 늘고 있다. 교전이 일어나고 있
는 티그라이 주변 지역뿐 아니라 에티오피아 전역에서 티그라
이족에 대한 폭력과 학대가 벌어지고 있다.[52]

분쟁 종결과 민족 통합으로 노벨 평화상을 받았던 정권이
곧바로 이러한 소용돌이에 휘말린다는 사실은 비극이다. 에티
오피아의 분쟁은 자국의 인적, 물적 피해를 가속화하고 주변
국의 불안을 가중시켜 동부 아프리카 일대의 평화까지 위협하
고 있다. 이해관계를 떠나 많은 이의 생명과 존엄성을 위협하
는 이 상황이 빨리 종결되어 하나의 에티오피아가 되는 날이
오길 바란다.

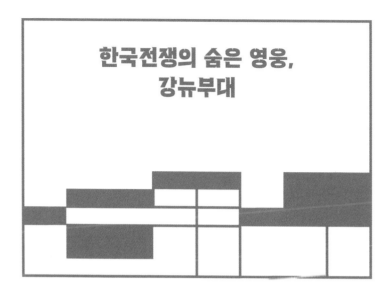

한국전쟁의 숨은 영웅,
강뉴부대

　에티오피아와 한국과의 관계에서 빠뜨릴 수 없는 역사가 있다. 한국전쟁 당시 에티오피아는 한국의 우군으로서 최정예 부대인 강뉴부대를 한국에 파병했으며 대한민국의 자유와 안보를 지키기 위해 그 어느 나라보다 진심으로 한국전쟁에 임했다는 것이다.

　에티오피아 강뉴부대가 대한민국 국민에게 전하는 메시지를 이해하려면 에티오피아가 한국전쟁에 참전한 배경을 살펴볼 필요가 있다. 이는 앞서 설명한 에티오피아의 치열했던 조국 수호의 역사와 연관이 있다.

세계 평화를 향한 에티오피아의 신념

이탈리아의 부당한 침략을 받았던 1935년 에티오피아는 세계 평화와 집단 안보의 중요성을 강조하며 전 세계를 향해 지원을 호소했다. 하지만 당시 국제연맹 소속 국가들은 에티오피아의 간절한 호소를 외면했고 에티오피아는 외로운 싸움을 해나가야만 했다. 에티오피아는 그들이 겪은 눈물의 역사를 그대로 묻어두지 않고 과거의 자신들처럼 눈물을 흘리고 있는 한국으로 시선을 옮겼다. 그렇게 에티오피아는 1950년 벌어진 한국전쟁에 참전했다.

에티오피아의 한국 파병은 당시 황제였던 하일레 셀라시에가 주도했다. 1930년에 집권한 그는 자국 내 민주주의 발전과 국제 사회의 집단 안보 구축에 매우 적극적인 인물이었다. 1950년 첫 파병 부대를 한국으로 보내며 연설한 파병식 축사는 하일레 셀라시에 황제와 에티오피아가 수호하고자 했던 신념을 보여주고 있다. 그의 연설은 우리에게 큰 울림을 주었다.

우리가 세계 평화를 위해 국제연맹에 집단 안보의 필요성을 주장하던 제2차 세계 대전이 발발하기 전의 암울하던 때, 우리 에티오피아는 국제 사회의 지원 없이 부당한 외세 침입에 대항하여 외로이 싸웠노라. (…) 머나먼 극동에 있는 한 나라의 독립을 지키기 위해 집단 안보 원칙에 참여하는 것은 아무런

주저도 없다. (…) 전사들이여, 그대들은 축복받은 행운아이
도다. 그대들 모두 우리 선열들의 가슴에 타올랐던 자유와 국
제 정의를 세계에 증언하도록 선택받은 자이기 때문이니라.[53]

초전박살 강뉴부대

이렇게 에티오피아는 한국에 그들의 정예 부대인 강뉴부대
를 파병했다. 암하릭어로 강뉴*Kagnew*는 '혼돈에서 질서를 확립
하다' 또는 '초전박살'이라는 뜻을 가지고 있는데 한국전쟁사
에서 그들이 남긴 업적을 보면 이름에 딱 어울리는 활약을 했
다는 것을 알 수 있다.

강뉴부대는 문과 무를 겸비한 최강의 현대식 부대이자 에
티오피아 황실 근위대 소
속 부대였다. 당시 에티오
피아에 제대로 된 조직을
갖춘 상비군은 황실 근위
대가 유일했는데 그 부대
를 한국전쟁에 파견한 것
이다. 한국은 강뉴부대의
첫 해외 파병지였으며 대
부분 세계 평화와 대한민

● 한국전쟁에 참전한 강뉴부대

국의 자유를 지키는 거룩한 사명에 동의하는 이들이 자원했다는 점에서 그들의 확고한 신념을 느낄 수 있다.

한국전쟁 당시 총 60여 개국이 참전했는데 에티오피아는 전투 병력을 파병한 16개 국가 중 하나이다. 파병 규모 또한 전체 국가 중 12번째로 그 당시 아프리카 국가로서는 파격적인 규모였다.

강뉴부대는 1950년 1진부터 1955년 5진까지 총 5회에 걸쳐 파견되었으며 이 기간 동안 3,518명의 에티오피아 군인이 한국 전장을 누볐다. 그 신념과 강인함을 반영하듯 주로 험난한 전선 지역에서 전투를 수행하면서도 전설 같은 253전 253승, 즉 무패의 전적을 거두었다. 더욱 놀라운 사실은 참전 기간 동안 단 한 명도 포로로 잡히지 않았으며 그 어느 부대보다 용맹한 전사로서의 활약을 펼쳤다는 것이다. 물론 그 용맹함 이면에 기록된 122명 사망자와 536명 부상자의 희생을 우리는 잊지 않고 되새겨야 할 것이다.

한국전쟁에 참여한 에티오피아의 기여를 기념하기 위해 우리 정부는 하일레 셀라시에 황제에게 대한민국 건국훈장 중 최고 등급인 대한민국장을 수여했다.

에티오피아 한국전 참전 기념관

강원도 춘천시의 어느 한적한 공원에 에티오피아 전통 가옥인 사르벳 모양의 건물이 있다. 에티오피아 강뉴부대의 한국전쟁 참전을 기념하기 위해 지은 에티오피아 한국전 참전 기념관이다. 혹시라도 춘천에 가면 먼 아프리카 동부 끝자락에서 지구 반 바퀴를 돌아 아시아 변방 나라에 찾아왔던 에티오피아 전사들의 숭고한 희생을 기억하며 그들이 목숨 바쳐 지켜낸 우리나라의 자유와 평화에 대한 감사함을 되새겨보면 좋을 것 같다.

● 춘천에 있는 에티오피아 한국전 참전 기념관

맨발로 따낸 금메달!
마라토너 아베베 비킬라

"놀랍습니다. 에티오피아 선수 아베베 비킬라가 맨발로 경기를 뛰고 있습니다."

1960년 9월 10일 로마에서 열린 올림픽 마라톤 경기. 에티오피아의 아베베 비킬라*Abebe Bikila*가 2시간 15분 16초로 당시 세계 신기록을 세우며 아프리카 최초로 올림픽 마라톤에서 가장 높은 자리에 올라 월계관을 썼다. 아베베 비킬라의 우승은 기록뿐 아니라 그가 풀코스를 맨발로 달렸다는 사실이 더욱 큰 이슈가 되었다.

● 맨발로 뛰고 있는 아베베 비킬라

이와 관련해 일각에서는 신발 살 돈이 없어 맨발로 뛰었을 것이라는 편견 어린 추측을 했지만 사실은 이와 다르다. 대표 팀 선수가 부상을 당해 뛸 수 없는 상황에서 아베베 비킬라가 대체 선수로 올림픽 출전 기회를 얻었고 그에게 딱 맞는 신발이 없어 평소 훈

련해왔던 대로 맨발로 경기를 뛰었던 것이다.[54]

우승과 관련한 후일담도 흥미롭다. 경기 전날 마라톤 코스를 돌아보던 아베베 비킬라는 결승점인 콘스탄티누스 개선문에서 조금 떨어진 곳에 우뚝 솟은 오벨리스크를 발견했다. 오벨리스크는 1936년 에티오피아를 침공한 이탈리아가 에티오피아 악숨 지역에서 가져간 유적이다. 그는 다음날 마라톤에서 반드시 이 지점부터 질주하리라 마음먹었고 실제로 이 구간에서 전속력으로 내달려 금메달을 목에 걸었다고 한다. 이탈리아가 그토록 점령하고 싶어 했지만 결국 실패한 국가의 선수가 이탈리아 중심부인 로마 한가운데에서 다시 한 번 승리를 거머쥔 통쾌한 승리였다.[55]

로마올림픽 이후 일약 스타가 된 아베베 비킬라는 4년 뒤 도쿄올림픽에서 2시간 12분 11초의 기록으로 자신이 세운 세계 최고 기록을 갈아치우며 올림픽 마라톤 2관왕을 차지했다. 맨발이 아닌 제대로 된 운동화를 갖춰 신고서 말이다. 경기 40일 전 맹장 수술을 받아 몸 상태가 좋지 않았지만 당당하게 올림픽 2연패를 석권해 단숨에 에티오피아 국민 영웅의 반열에 올랐다. 당시 에티오피아의 하일레 셀라시에 황제는 그의 성과를 치하하며 고급 외제차를 하사했다고 한다.

아베베 비킬라는 우리나라와도 인연이 깊다. 1951년 열아홉 살의 나이에 강뉴부대 2진으로 파병되어 1년간 부대장의 호

● 에티오피아의 국민 영웅 아베베 비킬라

위병으로 근무했다. 그는 이 사실을 늘 자랑스럽게 여겼다고 한다. 그리고 이때의 경험은 한국과의 또 다른 인연으로 이어진다.

1966년 '9.28 서울 수복 기념 제3회 국제 마라톤 대회' 개최를 위해 조직위원회는 세계 각국의 선수들에게 초청장을 보냈으나 참가 의사를 밝힌 선수가 적어 고민이 깊었다. 전쟁의 후유증과 격동의 시기를 보내고 있던 변방의 작은 국가에서 세계 유명 선수들을 초청해 국제대회를 개최한다는 것은 쉬운 일이 아니었다.

바로 그때, 한국에 애정이 있던 세계 최고의 마라톤 스타 아베베 비킬라가 참가 의사를 밝혔다. 이는 한국에서 진행된 국제대회 역사상 매우 특별한 이벤트로 기록되었다. 아베베 비킬라는 인천상륙작전 당시 유엔군이 상륙한 지점인 적색 해안 인근의 인천역 광장에서 출발해 경인가도를 따라 중앙청(현재 철거)으로 이어지는 의미 있는 코스를 달렸고 2시간 17분 4초라는 월등한 기록으로 우승을 차지했다. 이때 수많은 관중이 보

● 9.28 서울 수복 기념 제3회 국제 마라톤 대회에서 우승한 후 인터뷰하는 모습

낸 환호는 세계적 스포츠 스타에 대한 동경이자 한국을 사랑한 에티오피아인에 대한 감사의 표시였을 것이다.[56]

1969년 아베베 비킬라는 불의의 교통사고로 하반신이 마비되는 시련을 겪었다. 그러나 불굴의 스포츠 영웅은 "내 다리는 더 이상 달릴 수 없지

만 나에겐 두 팔이 있다."고 말하며 양궁을 시작했고 피나는 훈련 끝에 패럴림픽의 전신인 '스토크 맨더빌 게임스*Stoke Mandeville Games*'에서 금메달을 목에 걸며 감동을 안겨주었다.

아베베 비킬라는 마흔한 살의 젊은 나이로 짧은 생을 마무리했다. 하지만 살아있는 동안 보여준 그의 불굴의 의지는 아직도 에티오피아와 한국의 많은 이에게 영감을 주고 있다.

함께 생각하고 토론하기

에티오피아는 80여 개의 다양한 민족집단이 하나의 국가를 이루며 살고 있습니다. 그러나 각 민족이 처한 이해관계 속에서 갈등이 발생하기도 합니다. 예로부터 단일 민족으로 구성된 우리나라는 민족 간 갈등을 크게 겪지 않았습니다. 하지만 최근 다문화 사회로 진입하면서 다양한 이해관계를 지닌 국가 구성원이 늘어나고 있습니다.

● 한국 사회에서 한국인과 다른 문화권의 사람들이 갈등을 겪는 사례를 찾아보고, 왜 이러한 갈등이 생기는지 생각해봅시다. 이러한 갈등을 해결하려면 어떠한 자세를 가져야 할지에 대해서도 이야기해봅시다.

1950년 6월 25일 북한군의 남침으로 한반도에 전쟁이 발발하자 세계 여러 국가에서 우리나라에 군사를 파병했습니다. 주요 지원국 중 에티오피아도 있었습니다. 에티오피아의 강뉴부대는 우리나라가 어렵고 힘든 시기에 한국을 위해 용맹하게 싸웠습니다.

● ● 70여 년 전 에티오피아가 한국을 도와주었던 것처럼 이제는 우리나라가 에티오피아의 어려움을 외면하지 않고 있습니다. 한국이 에티오피아에 지원하는 분야와 어떻게 도와주고 있는지 찾아봅시다.

4부

문화로 보는
에티오피아

커피는 우리의 빵이다.

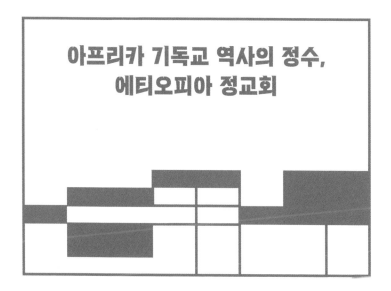

아프리카 기독교 역사의 정수, 에티오피아 정교회

에티오피아에서는 여러 모양의 십자가가 달린 건물을 곳곳에서 발견할 수 있다. 또 건물을 향해 또는 건물 벽을 부여잡고 기도를 올리는 사람도 볼 수 있다. 운전하다가도 길을 가다가도 이 건물이 나오면 사람들은 가던 길을 멈추고 성호를 긋듯 손을 이마와 가슴에 번갈아 대며 머리를 숙인다. 에티오피아 어디를 가나 볼 수 있는 정교회와 신자들의 모습이다.

정교회 신앙 위에 세워진 에티오피아인의 삶

처음 에티오피아에 갔을 때 흥미로웠던 점 중 하나는 인사

문화였다. 에티오피아 사람들은 만나면 인사하는 데만 몇 분이 걸린다. 그 대화 중 가장 많이 쓰이는 인사말이 '이그자브헤르 임메스깐*Igziabher yimesgen*(하나님께 감사)'이다. 에티오피아의 정교 회 신앙은 이러한 소소한 영역에서부터 사회·문화 전반에 걸 쳐 그들의 삶을 구성하고 유지하는 기반이 되고 있다.

에티오피아에서 정교회가 갖는 의미는 무척 크다. 에티오피 아 절반에 가까운 인구가 정교회 신자이며, 신자가 아니더라 도 정교회 문화는 생활 전반에 깊숙이 스며들어있다. 악숨 왕 국을 중심으로 기독교가 번성한 터라 에티오피아 인구 중에서 도 악숨 지역에 뿌리를 두고 살아가던 암하라족과 티그라이족 대부분이 정교회 신앙을 갖고 있다.

에티오피아 정교회의 역사

에티오피아 정교회의 공식적인 이름은 '에티오피아 테와히 도 정교회'이다. 현지인들은 흔히 '오쏘독스*Orthodox*'라고 부른 다. 에티오피아에 기독교가 전파된 유래로는 성경의 사도행전 에 나오는 에티오피아 내시 이야기가 가장 유명하다.

에티오피아 여왕이 유대인의 명절을 지키기 위해 예루살렘 에 내시를 보냈는데 그가 기독교 초대 교회 집사인 빌립*Philip* 에게 세례를 받고 에티오피아로 돌아가 기독교를 전파했다는

● 에티오피아의 정교회 건물들

것이다.

그 낭시 에티오피아는 악숨 왕조 시대였는데 에자나_Ezana_ 왕이 333년에 기독교를 국교로 선포하면서 아르메니아와 조지아에 이어 세계에서 세 번째로 기독교를 국교로 받아들인 나라가 되었다.

에티오피아에서 기독교 역사는 4세기부터 시작되었지만 에티오피아 정교회는 이집트 콥트교의 일부로 간주되어 오랜 기간 독립성을 인정받지 못했다.[57] 그러다가 1959년이 되어서야 비로소 독립적인 종교로 인정받았다.

대부분의 아프리카 국가는 전통적으로 지역 토착 종교가 신앙의 주를 이루었고, 7세기경부터 아라비아반도에서 건너온 이슬람교가 세력을 확장했다. 반면 기독교는 19세기 서구 열강의 식민 시대가 되어서야 활발히 들어오기 시작했는데 에티오피아는 그보다 훨씬 전부터 기독교를 주요 종교로 삼고 있었던 것이다. 이것이 에티오피아가 기독교 역사에서 의미 있는 국가로 여겨지는 이유이다.

정교회의 건축과 미술 양식

에티오피아를 다니다 보면 각 지역마다 특색 있는 정교회 건축물과 십자가 조형물을 볼 수 있다. 정교회의 건축 형태는 바실리카 양식으로 각 지역마다 고유의 형태로 발전했다. 바실리카 양식은 고대 그리스에서 시작된 교회 건축 양식으로 높은 천장이 특징이다. 최근 도시 지역에서는 현대식 건축 재료를 사용한 교회 건물을 많이 볼 수 있다.

에티오피아에는 정교회 문화를 중심으로 발전한 독특한 전통 미술 양식이 있다. 글로 성경을 접하기 어려운 에티오피아 사람들을 위해 그림으로 그린 것이라고 한다. 에티오피아 사람들의 시선으로 성경을 해석한 정교회만의 독특한 이 그림들은 서구 기독교 미술 양식과는 차별화된 또 다른 재미를 선사한다.

정교회의 십자가와 성경

정교회 십자가는 우리가 흔히 생각하는 십자가와는 달리 화려하고 복잡한 문양으로 이루어져 있다. 십자가를 제작하는 장인들의 스타일에 따라 십자가 모양이 달라지기 때문이다. 이 십자가들은 정교회 건축물은 물론 수도사의 지팡이, 성경책 등 다양한 물건에 부착된다.

에티오피아 정교회에도 고대 에티오피아 문자인 그으즈어로 쓰인 성경이 있다. 하지만 이 성경은 사제들만 볼 수 있었다. 일반 신도들이 볼 수 있게 현대어로 번역된 성경이 나온 것

● 정교회의 십자가

은 불과 20~30년밖에 되지 않았다고 한다.

　이렇듯 에티오피아 사람들은 오랜 세월 그들만의 기독교 문화를 발전시켜왔다. 에티오피아 정교회는 에티오피아 사람들의 정체성이자 삶의 일부라고 할 수 있다. 만약 에티오피아에 방문한다면 어떠한 종교를 갖고 있든 에티오피아 정교회 문화를 한 번쯤은 체험해보길 권한다.

에티오피아의 명절과 공휴일

에티오피아에는 어떤 명절과 공휴일이 있을까? 종교와 관련된 문화가 뿌리 깊은 에티오피아는 정교회 및 이슬람 같은 종교 기념일을 명절과 공휴일로 정하고 있다

메스켈(Meskel) : 9월 27일

에티오피아 신년(9월 11일)이 시작되고 가장 처음 맞는 명절은 메스켈이다. 그으즈어로 '십자가'라는 뜻으로 십자가를 기념하는 날이다. 이날 아디스아바바 중심에 위치한 메스켈 광장에서는 매우 크고 성대한 축제가 펼쳐진다.

메스켈 광장 중앙에 짚과 나무를 쌓는데 이를 '데메라Demera'라고 한다. 여기에 불을 피우고 사람들도 각자 촛불을 들어 불을 밝힌다. 진짜 십자

● 데메라를 태우는 모습   ● 메스켈 축제에서 촛불을 든 사람들

기를 찾은 로마의 황후 헬레나*Helena*를 기념하는 행사이다. 4세기경 헬레나가 성묘를 찾고자 간절히 기도했더니 십자가가 묻힌 곳에서 불의 연기가 피어올랐다는 것에서 유래했다. 어둠이 내리면 헬레나가 자신들을 볼 수 있도록 불을 피우는 것이다.[58]

크리스마스(Christmas) : 1월 7일

에티오피아는 기독교에서 가장 중요한 절기인 크리스마스를 '겐나'라는 이름으로 기념한다. 서구 기독교의 크리스마스와 동일한 날이지만 에티오피아 달력은 우리가 사용하는 그레고리력과 달라 1월 7일에 예수의 탄생을 기념하는 것이다. 정교회 신자들은 크리스마스가 되기 43일 전부터 금식한다. 그 기간에는 매일 한 끼의 식사만 허락된다. 크리스마스가 되면 주로 흰옷을 입고 교회에 모여 크리스마스 행사를 치른다. 젊은 남성들은 하키와 비슷한 야겐나 체와타라는 게임을 하기도 한다.[59]

주현절(Epiphany) : 1월 19일

1월 19일은 '뜸깟'이라고 불리는 주현절이다. 예수의 요단강 세례를 축하하는 날로 유대 명절이다. 에티오피아에서는 이날을 매우 성대하게 기념한다. 3일 동안 진행되는 뜸깟 행사는 북부 곤다르 지역을 중심으로 열리는데 곤다르에 위치한 파실 유적지 성 안의 연못에 1년에 단 한 번 물이 채워진다. 이날 성으로 순례를 온 사람들은 연못물을 온몸에 적셔 세례를 받는다.

● 곤다르의 파실 유적지

아드와 전승기념일(Adwa Victory Day) : 3월 2일

아드와 전승기념일은 매년 3월 2일로 국가 공휴일이다. 1896년 아드
와전투의 승리를 기억하기 위한 날이다. 아드와전투는 수년 동안 이어진
이탈리아와의 전쟁에서 승리를 거둔 중요한 전투로 에티오피아가 독립
을 이룰 수 있었던 의미 있는 사건이다. 아드와 전승기념일은 에티오피아
뿐 아니라 식민 지배를 받던 아프리카 대륙 전체에 승리의 상징으로 기
억된다. 이날은 모두가 거리로 나와 행진하고 100여 년 전 승리의 기쁨
을 함께 누리며 즐거워한다.

이외의 에티오피아 공휴일

구분	명절	시기	내용
국경일	근로자의 날	5월 1일	근로자의 권리를 기억하고 연대 의식을 다지기 위한 기념일
	패트리어츠 승리의 날	5월 5일	애국자의 날
	더그 다운 데이	5월 28일	사회주의 정권을 몰아낸 것을 기념하는 날
	새해	9월 11일	새로운 해가 시작되는 날
정교회 휴일	성 금요일	4월 22일 (2022년 기준, 매해 상이함)	예수 그리스도가 십자가에 처형당한 것을 기념하는 날
	부활절	4월 24일 (매해 상이함)	예수 그리스도의 부활을 기념하는 날
이슬람 휴일	라마단	매년 이슬람력 아홉 번째 달 (같은 이슬람 국가여도 교리에 따라 날짜에 차이가 있음)	무슬림의 다섯 가지 의무 중 하나인 금식을 행하는 달이자 무함마드가 알라의 계시를 받은 달
	마울리드	10월 7일~8일 (수니파: 이슬람력 3월 12일 / 시아파: 이슬람력 3월 17일)	이슬람 예언자 무함마드 마호메트 탄생일
	아이드 알피트르	라마단이 끝나는 날로부터 3일간	'금식을 마치는 축제' 30일간의 라마단을 마치고 맞는 휴일
	아이드 알 아다	7월 10일	'희생의 잔치' 동물을 제사로 드리는 휴일

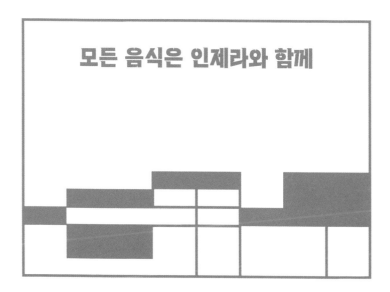

모든 음식은 인제라와 함께

에티오피아에 처음 도착해 적응하던 시기 에티오피아 사람들은 끼니마다 "너 인제라 먹을 수 있어?"라는 질문을 던지곤 했다. "무슨 음식을 좋아하니?", "인제라 좋아하니?"도 아니고 "인제라 먹을 수 있니?"라니. 인제라*Injera*를 먹을 수 있는지 묻는 질문 자체가 조금은 이상하게 느껴질 법하다.

하지만 이 질문은 에티오피아 식문화를 정확히 대변하는 질문이다. 왜냐하면 인제라는 세계 어느 나라에서도 접할 수 없는 그들만의 특색 있는 음식이고, 에티오피아에서는 인제라를 빼놓고는 음식에 대한 이야기를 할 수 없을 정도로 절대적인 영향력을 가졌기 때문이다.

슈퍼푸드 인제라

인제라는 '테프'라는 곡식과 물로 만든다. 테프는 에티오피아와 에리트레아 고지대에서 재배되는 곡물로 밀보다 100배 더 작은 입자이지만 칼슘, 철분, 단백질 등 다른 곡물보다 영양소가 훨씬 많아 영국 〈가디언지〉에서는 '슈퍼푸드'라고 극찬하기도 했다. 서구권에서는 인제라의 인기가 대단해 에티오피아의 테프 수출량은 해마다 증가하고 있다.

인제라 요리는 테프와 물을 섞어 반죽을 만든 후 에르쇼라고 불리는 일종의 효모를 더해 반죽을 완성하는 과정부터 시작한다. 이 반죽은 약 2~3일간의 발효 과정을 거치는데 그 과정에서 발생하는 특유의 신맛이 인제라를 다른 음식과 구분시킨다. 발효된 반죽은 미타드라고 하는 조리기기 위에 넓고 얇게 펴서 굽는다. 흙으로 만든 미타드는 나무 땔감으로 불을 지피는 전통 방식의 화덕인데 최근에는 전기 미타드도 나오고 있다.

완성된 인제라는 모양과 질감이 메밀전병, 핫케이크, 크레페 등과 유사하다. 발효된 반죽을 구우면 표면에 작고 동글동글한 구멍이 생긴다. 하지만 맛은 이런 음식들과는 전혀 다르다. 특유의 톡 쏘는 신맛이 매우 강렬하다. 김치의 신맛이 가미된 핫케이크라고나 할까. 이 신맛은 반죽을 얼마나 발효시키느냐에 따라 그 정도가 달라진다. 인제라를 처음 접한 외국인

● 인제라   ● 인제라 굽는 모습

들은 익숙하지 않은 이 신맛에 쉽게 적응하지 못하기도 하는
데 역설적으로 이 신맛에 한번 적응하게 되면 다양한 요리와
의 맛 궁합을 느끼며 인제라가 선사하는 매력에 빠져든다.[60 61]

　인제라는 요리라기보다 우리나라의 밥과 같은 기본 주식이
다. 우리나라에서 흔히 "밥 먹었니?"라고 하듯 에티오피아에
서는 "인제라 먹었니?"라는 질문이 인사로 쓰일 만큼 에티오
피아의 식문화 그 자체라고 할 수 있다.

인제라에 곁들어 먹는 음식들

　한국 사람이 밥을 여러 반찬과 함께 먹는 것처럼 에티오피아에서도 인제라에 곁들어 먹는 반찬이 있다.

다보

● 현지식과 함께 먹는 다보

다보*Dabo*는 에티오피아 말로 '빵'을 뜻한다. 엄밀히 말하면 에티오피아 음식이라고 보기 어렵지만 에티오피아에서 인제라를 대체할 수 있는 유일한 음식이다. 에티오피아에서 요리를 시키면 기본적으로 인제라를 주는데 인제라 대신 다보를 달라고 하면 동그란 빵을 가져다준다.

인제라 특유의 신맛을 꺼려하는 외국인에게 다보는 한 줄기 빛과 같다. 나도 인제라를 즐겨 먹긴 했으나 몇몇 음식은 다보와의 궁합이 더 좋아 음식에 따라 인제라와 다보를 골라가며 먹었다. 드포 다보*Defo Dabo*라고 불리는 얼굴 크기의 큰 빵도 있다. 부활절 같은 명절이나 행사 때 전통적으로 먹는 빵이다.[62] 현지인들이 주최하는 행사에 초대받는다면 드포 다보를 접할 수 있을 것이다. 에티오피아에는 이 빵을 뜯어 잔치에 참여한 사람들과 나누어 먹는 문화가 있다.

와트

와트*Wot*는 일종의 스튜와 같은 음식으로 에티오피아식 커리라고 할 수 있다. 에티오피아 사람들이 인제라에 곁들여 가장 많이 즐기는 음식이기도 하다. 와트는 버터, 양파, 향신료 등을 넣고

● 닭으로 만든 도로 와트

스튜처럼 우려내어 만든다. 들어가는 재료에 따라 이름을 달리 부르는데 닭이 주재료면 도로 와트, 콩이 주재료면 므시르 와트라고 한다. 매콤한 향신료와 버터의 기름기가 인제라 특유의 신맛과 잘 어울리는 에티오피아의 기본 반찬 중 하나이다.

뜹스

뜹스*Tibs*는 고기를 기름에 튀기거나 구워낸 음식이다. 기본적으로 소, 닭, 염소, 양 등의 육류●를 깍둑썰기해 야채와 함께 튀겨서 만든다. 뜹스는 인제라의 독특한 향에 지친 외국인에게 단비와 같다. 고기를 튀긴 것이어서 어느 나라에서나 맛볼 수 있는 고기구이의 맛이 나기 때문이다. 뜹스와 다보를 조합

● 에티오피아에서는 어디서든 쉽고 저렴한 가격에 다양한 고기를 구할 수 있다. 하지만 돼지고기는 쉽게 찾을 수가 없는데 에티오피아 정교회에서 돼지고기를 부정한 음식으로 여기기 때문이다.

● 도자기 그릇 샤크라에 담긴 뜹스   ● 뜹스, 미트미타, 인제라, 다보

해 샌드위치처럼 먹는 사람도 많다.

한국에서는 특별한 날이나 보양식으로 먹는 염소, 양과 같은 육류가 에티오피아에서는 매우 흔하다. 그래서 한국인 중에는 나름의 보양식으로 뜹스를 찾는 이들도 있다.

뜹스를 먹는 나만의 비법이 있다. 현지의 뜹스 식당 주인과 친해진다면 김치를 조금 챙기자. 김치를 뜹스 용기에 튀겨 먹으면 솥뚜껑 김치 삼겹살 부럽지 않은 뜹스를 맛볼 수 있다.[63]

끄트포

끄트포*Kitfo*는 다진 소고기를 버터와 미트미타라는 향신료에 버무려 만든 요리이다. 육회와 비슷하지만 질감은 미트볼 페이스트 같다.

끄트포는 다른 음식보다 비싼데 중요한 식사 또는 기분을 내기 위한 식사 자리에서 주로 먹는다. 누군가에게 식사 대접을 하거나 한턱 쏘는 자리에서 끄트포는 빠지지 않는다. 그만큼 에티오피아 사람들에게 귀한 요리의 대명사와도 같다. 중저가 식

● 에티오피아의 육회 끄트포

당보다는 고급 레스토랑이나 호텔 등에서 주로 판매된다.

끄트포와 유사한 음식으로 고레드고레드*Gored gored*라는 요리가 있다. 생고기를 깍둑썰기해 미트미타에 찍어 먹는 요리이다. 나는 에티오피아 사람들도 우리처럼 육회를 먹는다는 사실이 신기했는데 에티오피아 사람들 또한 생고기를 먹는 외국인을 신기하게 바라보곤 했다.

수도를 벗어난 지역에서는 아무래도 고기를 신선하게 보관하기가 여의치 않아 생고기의 질이 낮고 기생충 감염 위험이 있으니 끄트포에 도전해보고 싶다면 냉장 보관 시설이 잘 구비되어있는 식당에서 시도해보자.

버예나투

● 버예나투

에티오피아 사람들이 즐겨 먹는 음식 중 하나인 버예나투*Beyainatu*는 인제라 위에 야채를 재료로 하는 다양한 반찬이 플래터 형식으로 제공된다. 콩과 토마토, 감자 등을 주재료로 해 대여섯 가지 반찬이 제공되며 우리나라의 백반과 비슷하다. 맛과 영양은 물론 야채로만 구성된 식단이어서 종교적으로 고기를 금하는 금식일에 많이 먹는다. 일반 동네 식당부터 고급 식당까지 에티오피아의 어느 식당을 가더라도 기본 메뉴로 있어 취향에 맞는 음식이 없거나 메뉴판을 읽기 어려운 경우에도 실패 없이 시켜 먹을 수 있다.

에티오피아 밥상 들여다보기

식사 전에 반드시 손 닦기

에티오피아 사람들은 식사 전 손 닦는 것을 중요하게 여긴다. 인제라는 수저나 포크를 사용하지 않고 손으로 먹기 때문에 에티오피아 식당 입구에는 손을 닦는 세면대가 있다. 일부 식당에서는 종업원이 물과 따뜻한 물수건을 가져와 손 닦는 과정을 도와주기도 한다.

손 닦는 과정이 중요한 또 다른 이유로 구르샤 문화를 들 수 있다. 구르샤는 손으로 인제라에 음식을 싸서 타인에게 먹여주는 문화이다. 이는 친근감과 사랑의 표현이다. 외국인이 현지인과 식사할 때면 직접 음식을 먹여주는 호의를 받을 때가 많으니 당황하지 않고 그 문화를 즐겨보도록 하자.[64]

인제라 먹는 방법

인제라를 먹을 준비를 마쳤다면 이제 음식 세팅 단계로 넘어가보자. 인제라는 커다란 원형 팬케이크 모양으로 보통은 돌돌 말린 상태로 보관되고 그대로 서빙된다. 사람들은 돌돌 말린 인제라를 펴서 그 위에 모든 음식을 쏟아붓는다. 고기 요리, 국물 요리, 소스 등 '어떠한 형태의 음식'일지라도 일단 인제라 위에 부어두는 것이 일반적이다. 여기서 '어떠

● 인제라 위에 올려진 음식들　　　　● 손으로 먹는 인제라

한 형태의 음식'이라는 말이 매우 중요한데 정말 우리가 생각할 수 있는 어떠한 음식도 인제라 위에 올릴 수 있다. 스파게티, 자장면 심지어 김치나 라면도 예외가 아니다.

　여러 명이 식사하는 경우 하나의 큰 인제라 위에 주문한 음식을 모두 쏟아부은 다음 음식을 나누어 먹는 게 일반적이나 1인용 인제라에 각자가 원하는 음식을 얹어 먹는 경우도 있다. 인제라 끝부분부터 먹기 좋을 만큼 뜯어낸 다음 그 위에 반찬을 올려 싸먹는 것이 일반적이다. 손으로 음식을 공유하는 문화가 익숙지 않은 외국인에게는 이 과정이 조금은 낯설 수 있다. 하지만 이러한 문화를 경험할수록 음식과 식생활에 담겨있는 에티오피아 사람들의 정을 느낄 수 있다.

식사 시간에 빠지지 않는 탄산음료

　에티오피아 식문화에서 빠질 수 없는 또 하나는 음료, 그중에도 탄산음료이다. 에티오피아 식당에서 음식과 함께 탄산음료를 주문하는 것은 거의 필수이다. 심지어 가정집에 손님을 초대할 때도 플라스틱 박스에 탄산음료를 종류별로 담아 손님에게 대접한다.

탄산음료에는 콜라, 환타 등의 소다 음료와 에티오피아가 자랑하는 탄산수인 암보*Ambo*가 있다. 암보는 에티오피아 암보 지역에서 나오는 탄산수로 만든 음료이며 무향의 플레인 탄산수와 향을 첨가한 다양한 맛의 탄산수가 있다.

● 에티오피아의 탄산수 암보

에티오피아 식문화에서 왜 탄산 음료가 빠지지 않는지에 대해 명확한 이유는 알 수 없으나 기름기가 많은 에티오피아 음식과 탄산의 톡 쏘는 청량감이 잘 어울려서가 아닐까 추측해본다.

인제라로 대표되는 에티오피아의 식문화는 세계 어느 곳에서도 찾아보기 힘든 그들만의 자랑거리이다. 에티오피아에 살면서 에티오피아 사람들이 그들의 식문화를 정말 아끼고 자랑스러워한다는 인상을 많이 받았다. 이러한 자국 문화에 대한 사랑이 지금까지 에티오피아 고유의 식문화를 지켜온 원동력이 되지 않았을까 싶다.

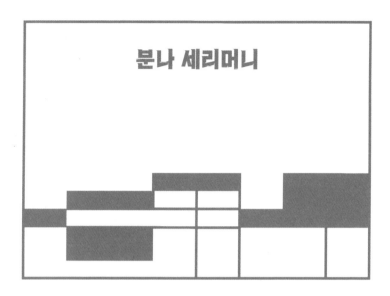

분나 세리머니

동양에 다도가 있듯 에티오피아에는 '분나 세리머니*Bunna Ceremony*'가 있다. 분나는 커피의 암하릭어이다. 커피의 발상지답게 에티오피아 사람들은 호텔, 레스토랑, 관광지뿐 아니라 거리 어디에서든 커피를 만들어 대접하는 분나 세리머니를 즐긴다.

에티오피아 현지에서는 분나 세리머니를 '분나 마프라트'라고도 하는데 마프라트는 암하릭어로 '끓이다'라는 의미이다. 하지만 에티오피아에서 커피를 대접하는 것은 단순히 커피를 끓여 내주는 것을 넘어 하나의 의식과 같은 과정이 수반되므로 '세리머니'라고 하는 것이 더 정확해보인다.

일을 하다가도 나가서 분
나 한 잔을 마시며 소소한 잡
담을 나누는 '분나 타임'은
에티오피아 사람들에게 빼
놓을 수 없는 일상이다. 분나
는 보통 한 잔에 5~10비르(
한화 100~200원) 정도로 아주
저렴하다.

● 제베나 분나

분나 세리머니는 분나베트●, 행사장, 가정 등 장소를 가리지
않고 진행된다. 통상적으로 분나 세리머니는 20분 정도 소요되
며 형식을 좀 더 갖추거나 큰 행사의 경우 1시간 조금 넘게 소
요되기도 한다. 커피 생두를 씻는 것부터 커피를 잔에 따르고
마시는 과정까지 제대로 갖추면 총 4시간까지 걸린다고 하니
왜 하나의 '의식'이라고 표현했는지 충분히 알 수 있을 것이다.

분나 세리머니가 이루어지는 장소를 보면 풀이나 꽃이 깔린
것을 볼 수 있다. 이는 손님을 맞이하고 축복하는 의미를 담고
있다. 여기에 더해 손님이 찾아오면 송진을 태워 연기를 피우
기도 하는데 이 또한 하루의 행운처럼 찾아온 손님을 축복하

● 커피하우스. 베트(bet)는 집을 뜻하는 암하릭어이다 '~가게'라는 의미로도 쓰인다.

● 분나 세리머니

는 의미를 담고 있다.

분나 세리머니의 본질인 커피를 끓이는 작업은 푸른 커피 생두를 물에 씻은 후 볶는 과정부터 시작한다. 먼저 쇠로 만들어진 작은 팬 위에 일정량의 생두를 담아 짙은 갈색이 될 때까지 숯이나 화롯불 위에서 볶는다. 원두가 로스팅되는 동안 손님들이 지루하지 않도록 팝콘이나 꼴로(볶은 곡식이나 씨앗)를 대접하며 담소를 나눈다. 커피가 다 볶아지면 돌아가며 향을 맡을 수 있게 원두가 담긴 팬을 한 바퀴 돌리는데 손으로 솔솔 휘저으며 냄새를 맡다 보면 벌써 커피를 한 모금 머금은 듯 공간 안에 향이 가득해진다.

잘 볶아진 원두는 절구에 담아 곱게 빻고 에티오피아 전통

토기인 제베나*에 물과 함께 담아 부채질을 하며 끓인다. 온도 조절이 쉽지 않은 화롯불에 제베나를 끓이다 보면 간혹 커피가 넘치기도 하니 적절한 불 조절이 필수이다. 커피가 다 끓으면 제베나를 받침대로 옮기고 커피 가루가 주전자 아래에 가라앉기를 기다린 후 커피를 따라 마신다.

세 잔의 분나

분나는 손잡이가 없는 작은 잔인 시니에 따라 마신다. 순서는 귀빈의 중요도 또는 연장자순으로 돌아가며 보통은 세 잔을 마시는데 첫 잔을 다 따르고 나면 다시 물을 부어 끓여내기 때문에 첫 잔이 가장 진하고 둘째, 셋째 잔으로 갈수록 그 맛과 향이 연해진다.

세 잔의 분나에는 의미가 있다. 첫 잔은 아볼(우애의 잔), 둘째 잔은 토나(평화의 잔), 셋째 잔은 베레카(축복의 잔)이다. 전통적으로 에티오피아 사람들은 하루에 세 번은 분나 세리머니를 가지므로 우애, 평화, 축복을 하루에 아홉 번 나눈다고 볼 수 있다. 에티오피아 사람들이 이토록 커피 한 잔에 정성을 쏟는

---

* 흙으로 빚어 만든 토기 주전자로 길쭉한 주둥이와 호리병 모양의 본체 위에 나무를 깎아 만든 뚜껑을 끼운 것이 특징이다.

것은 함께하는 이들에 대한 예우의 표현이다.

분나를 즐기는 또 다른 방식

에티오피아에서 분나를 즐기는 또 다른 방식이 있다. 가장 인기 있는 메뉴인 마키아토는 커피에 우유를 섞어 마시는 라떼와 유사하지만 우유 맛이 풍부한 라떼와는 달리 커피 맛이 더 진하다. 내가 가장 좋아하는 커피 메뉴는 '분나 스프리스'인데 홍차와 마키아토를 섞은 음료로 홍차 향이 커피 향을 오묘하고 풍부하게 잡아준다.

에티오피아에서 분나는 음료 그 이상의 의미가 있다. 가벼운 티타임과 커피 테이크아웃이 일상인 우리와 달리 에티오피아에서 분나는 우정을 나누고 존경을 표하는 방식이며 일상을 공유하는 방법이다. 우리가 일상에서 가볍게 던지는 "언제 시간 되면 커피 한 잔 하자."라는 말이 에티오피아에서는 전혀 가볍게 느껴지지 않는 이유이기도 하다.

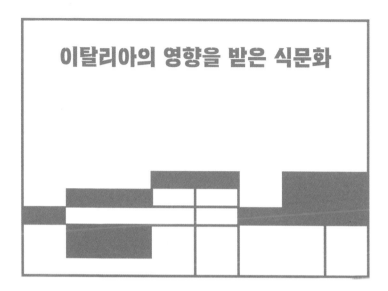

이탈리아의 영향을 받은 식문화

주변 아프리카 국가들과 달리 에티오피아는 식민 지배를 거치지 않았다는 사실에 자부심을 갖고 있다. 1936~1941년까지 이탈리아가 아디스아바바를 점령하기는 했지만 전국 곳곳에서 항전을 이어갔고 국제 사회에서 이탈리아의 에티오피아 점령을 공식적으로 인정하지 않았기에 에티오피아는 이탈리아의 식민지가 아니었다는 의견이 우세하다.

그러나 짧은 점령기였는데도 이탈리아의 흔적을 발견할 수 있는데 단순히 이탈리아의 문화가 에티오피아를 잠식한 형태가 아니라 에티오피아 고유의 문화에 서구 이탈리아 문화가 어우러진 모습이다.

에티오피아식 파스타

에티오피아에서 생활하며 이탈리아의 영향을 가장 많이 받았다고 느끼는 부분은 식문화이다. 그전까지는 파스타, 피자, 라자냐, 마키아토(커피)를 이탈리아 음식으로 알고 있었지만 아디스아바바뿐 아니라 에티오피아 어느 지역에 가도 흔히 접할 수 있는 음식이었다. 심지어 파스타는 도시와 상당히 떨어진 외진 시골 식당에서도 찾아볼 수 있을 정도로 대중화되어있다.

다만 에티오피아에서 먹는 파스타에 이탈리아 정통 파스타의 맛과 모습을 기대해서는 안 된다. 마치 에티오피아 고유 음식이었던 것처럼 현지 스타일로 새롭게 해석되어 나온다. 인제라를 주식으로 하는 에티오피아 사람들에게 파스타는 인제라로 싸서 먹는 반찬 중 하나로 인식되기도 한다.

정통 화덕 피자의 맛을 구현한 에티오피아식 피자

반면 피자는 우리가 흔히 아는 정통 이탈리아 화덕 피자와 크게 다를 바 없다. 에티오피아에 거주하던 당시 동네 뒷골목의 허름한 식당에서 큰 기대 없이 피자를 주문했다가 이탈리아 정통 화덕 피자의 맛을 그대로 느꼈던 경험이 있다. 현지화 과정을 거쳤는데도 그 본연의 맛을 잘 유지하고 있는 것이다.

이탈리아 영향을 받은 음식으로 마키아토도 빼놓을 수 없다. 우리가 아는 마키아토는 이탈리아에서 유래된 커피로 '소량의 우유로 모양을 낸 에스프레소'를 말한다.

● 마키아토

에티오피아 사람들도 분나베트에서 마키아토를 즐겨 마신다. 하지만 에티오피아식 마키아토는 에스프레소 대신 에티오피아 전통 커피 분나를 우유와 섞은 형태이다. 커피머신으로 진하게 뽑아서 만드는 이탈리아식 마키아토와는 또 다른 고소한 맛을 느낄 수 있다.

아디스아바바 식료품점에서는 대부분의 이탈리아식 식재료를 구비하고 있다. 대형마트뿐 아니라 동네의 구멍가게에서도 파스타 면과 마카로니, 토마토퓌레 등을 쉽게 구할 수 있다. 이는 이탈리아 식문화가 에티오피아에 적지 않은 영향을 미쳤음을 의미한다.

피아사, 에티오피아 속 이탈리아

에티오피아에서 이탈리아에 온 것 같은 느낌을 받을 수 있는 지역이 있다. 아디스아바바 중심부에 위치한 피아사이다.

피아사는 이탈리아의 영향을 가장 많이 받은 지역이다. 아직도 많은 이탈리아 건축 양식이 남아있고 이탈리아 음식을 비롯해 다양한 유럽식 레스토랑을 만날 수 있다. 피아사 지역은 아프리카 내에서 이탈리안 학교와 문화원이 가장 많이 밀집되어있는 곳이기도 하다.

에티오피아 사람들의 언어에도 이탈리아 영향이 일부 남아있다. 그중 이탈리아의 인사말 '차오!*Ciao*'는 에티오피아 사람들이 즐겨 사용하는 인사말 중 하나이다. 자동차를 뜻하는 마키나, 사탕을 뜻하는 카라멜라, 파인애플을 뜻하는 아나나스, 맥주를 뜻하는 비라 역시 이탈리아어에서 유래해 에티오피아에서 현지화되어 사용하는 단어이다.[65]

현재 에티오피아와 이탈리아의 관계

비록 짧은 점령기였지만 이탈리아의 잔재가 미세하게 남아있는 에티오피아를 살펴보다 보니 오늘날 에티오피아와 이탈리아의 관계는 어떤지 궁금해졌다.

현재 에티오피아는 과거 전쟁의 부정적인 기억을 대부분 지운 것처럼 보인다. 동부 아프리카의 뜨거운 이슈 중 하나인 그랜드 에티오피아 르네상스댐도 이탈리아 기업이 건설하는 등 이탈리아는 에티오피아의 해외 교역 파트너 국가 중 하나이다.

이탈리아는 과거 두 차례나 에티오피아를 침략했다. 분명 에티오피아에 좋은 기억일 수만은 없다. 하지만 에티오피아 사람들은 자국의 문화에 이탈리아 문화를 적절히 수용해 그들만의 문화를 만들어나갔다. 이러한 문화 수용이 가능한 이유는 무엇일까? 이탈리아의 식민화 시도를 막아냈던 에티오피아의 자긍심에서 기인한 것은 아닐까?

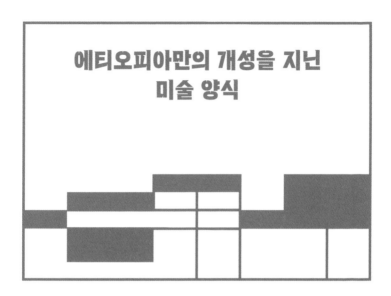

에티오피아만의 개성을 지닌 미술 양식

한국으로 돌아오기 전 에티오피아에서 지낸 시간을 추억하기 위해 다양한 기념품을 구입했다. 그중 상당수가 에티오피아 스타일의 그림이 그려진 물건이었다. 에티오피아에는 주변국에서는 쉽게 찾아볼 수 없는 에티오피아 고유의 미술 양식이 있다.

기독교 역사와 함께 발전한 미술 양식

에티오피아만의 독자적인 미술 양식이 어떻게 탄생했는지는 정확하게 알 수 없으나 에티오피아 미술에서 에티오피아의 기독교 역사를 빼놓을 수 없다.

에티오피아에 기독교가 전파된 것은 약 4세기경이다. 이때부터 기독교를 기반으로 한 종교 예술이 꽃을 피우기 시작했다. 이는 에티오피아 기독교의 시작을 알린 악숨 왕조와 관련된 사료에서 단서를 찾을 수 있다.

이후 에티오피아는 1,000년이 넘는 시간 동안 기독교 문화를 발전시키며 교회와 사원을 중심으로 현재까지 고유의 미술 양식을 이어오고 있다.[66 67] 에티오피아 미술 양식을 담은 그림은 주로 교회의 벽화, 나무 판화, 책에서 발견할 수 있다.

에티오피아 미술 양식은 기독교 미술 양식 중 후기 앤티크와 비잔틴 양식에서 파생되었고 이러한 양식 중에서도 단순화

● 에티오피아의 독특한 그림체

된 버전인 콥틱 계열에 속한다. 에티오피아가 스스로 계승하고 발전시킨 이 양식은 에티오피아만의 개성이 두드러진다. 밝고 선명한 색감, 만화 같은 그림체, 크고 긴 타원형의 눈 모양이 주요 특징이다.

대표적인 에티오피아의 미술 작품

에티오피아 미술의 특징을 잘 나타내는 그림이 있다.

먼저, 곤다르에 위치한 데브라 버르한 셀라시에*Debre Berhan Selassie* 교회의 벽화이다. 에티오피아 미술 양식의 전형이라고 볼 수 있는 교회 천장의 벽화는 성경 속 천사를 표현한 것으로 얼굴 주위의 화려한 깃털은 천사의 날개를 형상화했다. 매끈한 타원형의 얼굴, 큰 눈동자, 검은 머리카락 등 에티오피아 사람들의 외모를 상당히 직설적이면서도 만화적으로 묘사했다. 이처럼 에티오피아의 미술 양식은 어떠한 주제든 주인공을 에티오피아화시키는 특징을 가지고 있다.

데브라 버르한 셀라시에 교회 내부 벽화를 보면 다양한 기독교적 요소가 에티오피아만의 미술 양식으로 표현된 것을 발견할 수 있다.

이 외에도 에티오피아 사람들은 그들 특유의 미술 양식을 활용해 그림에 그들의 전통문화를 투영했다.

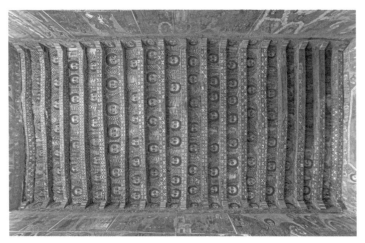

● 데브라 버르한 셀라시에 교회 천장에 그려진 그림

● 데브라 버르한 셀라시에 교회의 내부 벽화

● 에티오피아의 미술 양식을 보여주는 작품

위의 그림은 성경 이야기 중 예수가 열두 제자의 세족식을 하는 장면이다. 에티오피아 사람처럼 보이는 예수는 물론 에티오피아 전통 의상, 전통 가구 심지어 바닥에 깔린 풀까지 에티오피아의 문화적인 요소를 그림에 그대로 반영했다.

그림 속 인물의 익살스러운 표정과 성경 속 장면에 에티오피아 문화를 대입한 화가들의 상상력이 매우 재치 있게 느껴진다. 한편으로는 수천 년 기독교 역사에서 한 축을 차지하는 에티오피아 사람들의 긍지가 느껴지기도 한다. 에티오피아 사람으로 묘사된 그림 속 예수와 제자들의 모습을 보며 에티오피아 사람들을 왜 '검은 유대인'이라고 불렀는지 단서를 찾을 수 있을 것 같기도 하다.

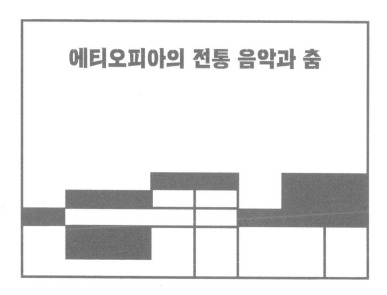

에티오피아의 전통 음악과 춤

　　오래된 문명을 간직한 에티오피아는 긴 세월 동안 아름다운 문화와 예술을 만들어왔다. 에티오피아 생활에서 기억에 남는 것 중 하나는 식당, 가게 어디를 가든 TV에서 흘러나오던 에티오피아의 독특한 전통 음악과 춤이다. 음악과 춤의 대륙인 아프리카의 국가답게 에티오피아 사람들 역시 일상에서 이를 즐기는 모습을 어렵지 않게 볼 수 있다.

에티오피아 음악의 중심, 전통 악기

　　에티오피아 음악에서 가장 중심은 전통 악기이다. 베게나,

크리르, 마신코 같은 악기에서 나오는 독특한 소리는 에티오피아 음악의 특징을 잘 보여준다.

베게나는 가장 오래된 악기로 10개의 현을 가진 현악기이며 성경에 나오는 다윗의 하프로도 알려져 있다. 높은 음색과 윙윙거리는 소리가 평화와 고요의 감정을 불러일으킨다.

크라르는 기타와 비슷한 악기로 동부 아프리카 지역에서 많이 연주된다. 기타의 조상으로 알려진 고대 그리스의 리라가 나일강을 따라 다른 지역으로 전파되었고 그 과정에서 크라르가 탄생했다고 한다. 크라르는 기타와 마찬가지로 연주 주법에 따라 다양한 소리를 내며 에티오피아 음악에서 없어서는 안 될 중요한 악기이다.

마신코는 에티오피아 음악 문화의 상징이다. 줄이 하나인 현악기로 활을 이용해 연주한다. 언뜻 보면 아주 단순해보이지만 연주자의 손끝에서 다양한 멜로디가 탄생한다. 커피를 마시러 분나베트에 가면 이 악기로 연주되는 음악을 심심치 않게 들을 수 있다.

전통을 잃지 않는 현대 음악

에티오피아의 현대 음악을 들으면 많은 부분에서 옛 고전 음악의 전통적인 느낌을 그대로 살렸다는 것을 알 수 있다. 에티오피아-에리트레아 전통 음악의 아버지라고 불리는 이가 있다. 6세기 악숨 왕조 시대에 활동했던 작곡가로 독특한 리듬으로 예배 음악을 만든 야레드*Yared*이다. 그의 음악은 현대 대중음악에도 지대한 영향을 끼쳐 현재 미디어에 자주 나오는 에티오피아 가수들은 대중가요뿐 아니라 야레드의 영향을 받은 전통 노래를 많이 부른다. 또한 대중가요에 전통 요소를 많이 가미해 전통을 지키면서 새로운 음악을 시도하는 독창성을 보여주고 있다.

테디 아프로*Teddy Afro*는 에티오피아의 현대 대중음악을 이끌어가는 국민 가수이다. 그의 음악 스타일은 에티오피아 전통 음악, 레게, 팝 뮤직이 조화롭게 어우러진 장르로 혁명적이고 정치적인 색을 띤다. 테디 아프로의 영향력은 에티오피아 음악 산업과 수많은 젊은 아티스트에게 미치고 있다. 우리나라 대중가요가 주로 사랑을 이야기한다면 에티오피아 대중음악은 정치적이고 역사적인 내용을 담은 노래가 사람들의 마음을 움직이고 있다.

에티오피아 음악에서 빠질 수 없는 춤

에티오피아 예술에서 전통 춤은 빼놓을 수 없다. 에티오피아 방송 채널을 돌리다 보면 뮤직 비디오가 많이 나오는데 대부분은 자연을 배경으로 전통 옷을 입은 남녀 여럿이 그들 민족집단 고유의 춤을 추는 내용이다. 민족집단마다 저마다의 독특한 춤이 있지만 강렬한 어깨 동작을 기본으로 하여 어깨를 튕기고 가슴을 흔드는 '에스키스타'가 가장 유명하다.

에티오피아 사람들은 결혼식이나 축제에서 이 춤을 춘다. 한번은 에티오피아 친구의 결혼식에 초대받았는데 사람들이 밤새 음악을 틀고 춤을 추며 결혼을 축하하는 광경에 신선한 충격을 받았다. 그 문화를 온전히 경험하고 싶어 현지 친구들과 함께 춤을 추다 보니 새벽 4시가 되어있었다. 민족집단마다 추는 춤이 달라 그 춤들을 한 번씩만 추어도 밤을 샌다는 우스갯소리가 와닿는 경험이었다.

에티오피아와 한국의 공통된 문화

에티오피아는 한국과 9,169킬로미터나 떨어져 있어 공통점이 없는 나라라고 생각할 수 있지만 의외로 한국과 닮은 점이 많다. 에티오피아에 방문한 한국 사람들은 의외의 상황과 장소에서 에티오피아와 한국의 공통점을 발견하며 내적 친밀감을 느끼는 경우가 자주 있다. 흔히 낯선 환경에서 새로운 문화를 접할 때 겪는 어려움을 문화 충격이라고 하지만 에티오피아에서는 오히려 낯선 환경에서 기대하지 않았던 익숙한 문화를 마주할 때 새로운 차원의 문화 충격을 느끼곤 했다.

에티오피아의 아빠

에티오피아에는 아직도 전통 사회의 문화가 많이 남아있는데 그중 오로모족의 문화에서 우리에게 매우 익숙한 단어를 발견할 수 있다. 바로 '아빠 가다*Abba Gada*'라는 말이다. 아빠*Abba*는 오로미아 공동체 내에서 우리나라의 아빠와 같은 공동체의 가장을 의미한다.

오로모족은 전통적으로 가다*Gada*라고 불리는 공동체 시스템을 유지해 왔다. 이는 계와 두레, 품앗이 등을 통해 마을 공동체의 대소사를 함께하고 결집을 도모한 과거 우리의 농촌 모습과 비슷하다. 가다 또한 구성원을 결집시키고 공동체의 정치, 사회, 문화의 중심 기능을 수행한다.

마을에서 어떤 사건이나 중요한 결정을 내려야 할 상황이 생기면 가다의 상징이라고 할 수 있는 오다나무(양버즘나무) 아래에서 원로 회의를 개최하는데 여기서 아빠 가다를 중심으로 마을의 대소사가 결정된다. 에티오피아의 아빠도, 한국의 아빠도 공동체를 유지하는 데 없어서는 안될 중요한 존재인 것이다.

에티오피아의 전통 놀이

에티오피아의 시골을 지나가다 고무줄놀이를 하는 아이들의 모습을 보고 너무도 익숙한 광경에 한참을 구경한 적이 있다. 에티오피아에도 한국의 고무줄놀이와 정확히 일치하는 전통 놀이가 존재한다. 고무줄을 말뚝 양쪽에 묶거나 두 명이 붙잡고 있으면 중간에 주자 한 명이 들어가 고무줄을 넘는 모습이 영락없이 우리가 어렸을 때 놀던 바로 그 고무줄놀이였다.

오징어게임과 땅따먹기를 합쳐놓은 듯한 놀이도 있다. 셰켈로라는 놀이인데 땅에 큰 사각형을 그린 뒤 그 안에 작은 사각형 일곱 개를 다시 그린다. 이 작은 사각형은 각 요일을 상징한다. 한 발로 이 작은 사각형을 옮겨 다니면서 반대쪽 발로 자신의 말을 다른 사각형으로 보내 땅을 차지하는 놀이이다. 시골 아이들에게 아주 인기가 많다.

에티오피아의 육회

에티오피아에서 가장 놀랐던 사실 중 하나는 에티오피아도 고기를 날로 먹는 문화가 있다는 것이었다. 에티오피아 육회는 여러 종류가 있다. 그중 소고기를 잘게 다져 버터와 섞어 먹는 끄트포와 육사시미처럼

● 에티오피아의 육회

● 한국의 육회

소고기 덩어리를 얇게 썰어 먹는 뜨레 스가 _Tire siga_ 가 유명하다. 육회 요리를 미트미타라는 고추장과 비슷한 소스에 찍어 먹는 것 또한 한국과 상당히 유사하다.

　에티오피아에서는 날고기를 기념일이나 귀한 손님을 대접할 때 주로 내어놓는다. 전 세계적으로 볼 때 날고기를 즐겨 먹는 나라는 매우 드문데 에티오피아 사람들이 우리처럼 육회를 즐긴다는 사실이 흥미로웠다.

　한번은 에티오피아 친구와 함께 끄트포를 나눠 먹으며 한국에도 이와 유사한 음식이 있다고 하니 친구가 한국과 관련한 일화를 말해준 적이 있다. 강뉴부대가 한국전쟁에 참전했던 당시 에티오피아 군인들이 전장에서 칼로 소고기를 썰어 날로 먹곤 했는데 그 모습을 멀리서 본 적군들이 혼비백산하며 달아났다는 것이다. 친구와 함께 껄껄 웃으며 강뉴부대가 그 명성과 함께 악명도 높았다는 농담을 하다 보니 에티오피아와 한국의 유대감이 왠지 모르게 더 깊어졌다.

에티오피아의 보양식

에티오피아에서 머물 때 몸이 으슬으슬해지면서 몸살을 앓은 적이 있다. 힘들어하는 내 모습을 보고 현지인 친구가 갈비탕처럼 생긴 끄끌*Kikel*을 먹으라고 가져다주었다. 한국과 마찬가지로 에티오피아에서도 몸이 허할 때면 뜨끈한 고기 국물이 제격이라는 인식이 있는 듯하다.

멀리 떨어진 에티오피아에서 한국과 비슷한 모습을 발견하는 경험은 여러모로 신기하고 흥미롭다. 이러한 유사성에 논리적인 근거를 찾기란 어렵다. 하지만 양국이 서로 공감할 수 있는 정서가 있다는 사실은 알게 모르게 친밀감을 만들어준다.

함께 생각하고 토론하기

에티오피아는 이탈리아의 침공을 받고 약 5년 동안 항전했습니다. 식민 지배를 받지는 않았지만 에티오피아에 남아있는 이탈리아의 영향력은 지금까지도 생활 곳곳에서 남아있습니다.

● 우리 주변에서 다른 나라의 영향을 받았지만 인식하지 못하고 있는 사례가 있는지 생각해봅시다.

●● 외국의 문화를 수용하면서도 한국의 문화와 전통을 지킬 수 있는지 서로 다른 문화가 공존할 수 있는 방법에 대해 이야기해봅시다.

5부

여기를 가면 에티오피아가 보인다

지혜로운 이는 경청할 때,
우매한 자는 말하고 있다.

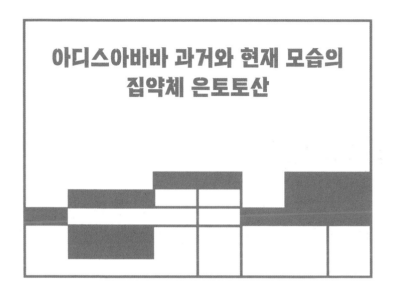

아디스아바바 과거와 현재 모습의
집약체 은토토산

아디스아바바 북동쪽에 우뚝 솟아있는 은토토산은 해발 3,200미터의 높은 고도를 자랑하는 산이다. 은토토산에 올라가면 아디스아바바 시가지 전경을 한눈에 조망할 수 있다. 아디스아바바가 에티오피아의 수도가 된 과정을 알려면 은토토산에 얽힌 역사를 살펴보아야 한다.

은토토산의 역사

은토토산과 아디스아바바의 탄생 이야기에는 중요한 인물이 등장한다. 바로 메넬리크 2세이다. 메넬리크 2세는 에티오

● 은토토산에서 바라본 아디스아바바 전경

피아 근대화에 큰 공헌을 한 황제로 16세기부터 이어져 오던 에티오피아 내 여러 민족집단 간의 내전을 끝내고 에티오피아 를 하나로 통합했다.

그는 에티오피아 근대화를 위한 기반도 다졌다. 임기 동안 이탈리아 군대와의 치열한 전투 끝에 국토를 수호했고 성공적 인 국제 외교와 철도 개설 등 에티오피아의 입지를 굳건히 했 다. 이러한 인물이 에티오피아 황제로 추대 받은 장소이자 아 디스아바바를 수도로 선포한 곳이 바로 은토토산이다.[68]

은토토산은 '아디스아바바의 허파'라고 불린다. 넓게 펼쳐진 유칼립투스 숲은 도시화로 오염된 아디스아바바의 공기를 정화해주는 역할을 한다. 물론 땔감과 건축 자재로도 사용되어 아디스아바바 발전에 여러모로 이바지했다.

아디스아바바가 경제 발전과 현대화를 이루어낸 지금은 국가와 시민 사회 차원에서 은토토산 지역의 자연과 생태계를 보존하기 위해 노력하고 있다.[69][70]

아디스아바바의 역사를 품은 은토토산

은토토산은 관광객들이 아디스아바바에 대해 좀 더 알기 위해 방문하는 첫 관문이기도 하다. 고요하고 한산한 산 중턱에는 메넬리크 2세의 궁궐이 있다. 궁궐이라고 하기에는 다소 작고 화려하지도 않지만 아디스아바바의 시작을 구상했던 메넬리크 2세의 자취를 느끼기에는 충분하다.

산을 오르다 보면 성 마리암 교회가 나온다. 은토토산의 역사를 담고 있는 이 교회는 메넬리크 2세가 직접 건축에 관여했다고 알려져 있으며 황제 즉위식이 열린 곳이기도 하다. 빨강, 노랑, 초록의 에티오피아 국기 색과 정교회 양식의 그림으로

● 은토토산의 성 마리암 교회

뒤덮인 모습이 인상적이다. 교회 안에는 은토토산과 에티오피아 역사를 소개하고 있는 박물관이 있다.

　에티오피아에 도착한 후 처음 방문한 관광지가 은토토산이었다. 은토토산을 오르는 비포장길에서 만난 나무 짐을 지고 오르는 소녀들, 당나귀를 이끌고 가는 목동들과 같은 목가적인 풍경이 한가로운 산골 마을에 온 듯한 느낌을 불러일으켰다. 하지만 산 정상에서 바라본 아디스아바바의 풍경은 또 다른 느낌을 자아냈다. 도심을 가득 메운 현대식 건축물과 부지런히 움직이는 도심의 불빛을 내려다보면 그 옛날 메넬리크 2세가 은토토산 정상에서 도시를 바라보며 떠올렸던 아디스아바바의 미래가 바로 이러한 모습이 아닐까 생각하게 된다.

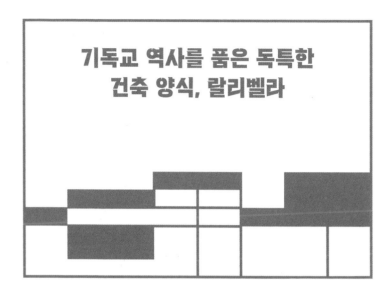

기독교 역사를 품은 독특한
건축 양식, 랄리벨라

아디스아바바에서 약 600킬로미터 이상 떨어진 한 산골 마을에 암석을 깎아 만든 10미터가 넘는 높이의 건축물들이 있다. 해발 2,800미터 산지에 위치한 랄리벨라라는 작은 마을인데 에티오피아 정교회 유산인 암굴 교회가 여러 채 모여있는 곳이다.

랄리벨라의 탄생 설화

암굴 교회들이 만들어진 배경과 역사에는 여러 가지 설이 있다. 그중 하나가 랄리벨라 왕이 이곳에 교회들을 세워 제2의

● 랄리벨라 메다니 알렘 교회

예루살렘을 건설하려 했다는 이야기다. 랄리벨라 왕은 12~13세기경 에티오피아를 통치하던 자그웨 왕조의 왕 중 한 명이다.

12세기경 랄리벨라 왕은 예루살렘이 무슬림에 의해 함락되었다는 소식을 전해 들었다. 당시 랄리벨라 지역 주위에도 많은 무슬림이 살고 있었는데 이들도 기독교 관련 건물을 파괴하곤 했다.

이에 랄리벨라 왕은 기독교 정체성을 지키기 위해 제2의 예루살렘을 건설해야겠다는 사명을 갖고 무슬림의 박해를 피하기 위해 교회를 산속 깊은 곳에 숨기기로 했다. 그 과정에서 지금의 암굴 교회 형태로 건물이 만들어지게 되었다는 것이다.[71] 그 당시 교회 하나를 지으려면 4만여 명이 동원되었다[72]고 하니 암굴 교회들을 건축하는 데 얼마나 많은 이의 손길이 닿았을지 짐작할 수 있다.

이러한 역사에 더해 랄리벨라 교회의 건축과 관련한 신화적인 이야기도 전해진다. 그 이야기에 따르면 랄리벨라 암굴 교회들은 역사가들이 주장하는 120여 년이 아닌 23년이라는 매우 짧은 시간 안에 만들어졌다. 랄리벨라 사람들은 천사들이 도움을 주어 23년 만에 교회를 지었다고 믿고 있다.

11개의 암굴 교회

랄리벨라에는 11개의 암굴 교회가 있다. 그 모습이 위엄 있고 신비로워 에티오피아의 대표 관광지로 꼽힌다. 또한 독특한 건축 양식과 에티오피아 정교회 역사에서 지니는 의미를 인정받아 1978년 유네스코 세계 문화유산으로 지정되었다.

도대체 어떻게 이런 엄청난 건축물을 만들었을까? 이 지역은 화산재가 굳어져서 만들어진 부드러운 응회암 기반의 지역이다. 그래서 암석을 깎은 건축물을 만들 수 있었다고 한다.

랄리벨라는 에티오피아를 찾는 모든 여행자의 필수 코스로 유명하지만 사실은 작은 산속 마을이라서 엄청난 유적이 있을 거리 상상하기 어렵다. 초가집과 비슷한 원형 집들이 있고 밭과 가축들을 돌보며 살아가는 평범한 마을이다. 하지만 이러한 풍경을 지나가다 보면 어느새 랄리벨라 암굴 교회군 푯말이 나오는데 여기서부터 신비로운 세계가 펼쳐진다.

11개 교회는 일명 '요단강'을 중심으로 두 지역으로 나뉘어져 있다. 북쪽 교회들은 지상의 예루살렘을, 남쪽 교회들은 천상의 예루살렘을 상징한다고 한다. 제2의 예루살렘을 건축하려 했던 랄리벨라 왕의 의도가 잘 드러나도록 성경의 지명을 사용한 것으로 보인다.

암굴 교회군 중 가장 유명한 교회는 성 기오르기스 교회이다. 지표면을 기준으로 수직 아래 방향으로 땅을 파내어 지었으며 깊이가 어마어마하다. 11개 교회 중 가장 정교하게 조각되고 보존도 가장 잘 되어있다고 한다. 먼 곳에서 성 기오르기스 교회를 바라봤을 때는 지표면 위에 정교회 양식의 십자가만 보이지만 가까이 다가가면 그 밑에 펼쳐진 암석의 크기와 높이에 압도되어 아찔하다.

랄리벨라에는 성 기오르기스 교회 외에도 유사한 양식의 여러 교회가 존재한다. 재미있는 점은 각각 다른 위치에 지어진 이 교회들이 모두 지하 암굴 터널로 연결되어있다는 것이다. 어두운 동굴을 헤매다가 빛이 이끄는 곳으로 나가면 그 끝에 웅장한 교회의 모습이 선물처럼 하나씩 모습을 드러낸다.

● 랄리벨라 성 기오르기스 교회의 전경

랄리벨라 암굴 교회들은 그 역사와 상징성만큼이나 에티오피아 정교회 신자들에게 중요한 성지이다. 실제로 랄리벨라를 방문해보면 교회 주위를 돌며 기도하는 순례자들과 수도자들의 모습에 신성함이 느껴진다.

교회를 둘러싼 암벽 중간중간에는 홈이 파인 듯한 독특한 공간이 있는데 사람의 해골이 가득하다. 교회를 위해 헌신한 수도사 또는 자신이 사는 곳에서부터 이곳까지 걸어와 묻힌 순례자들의 것이라고 하는데 모르고 봤을 때는 오싹했지만 의미를 알고 나니 다르게 느껴졌다. 지금도 에티오피아 정교회 신

● 랄리벨라 교회의 수도사들

자들은 매년 1월 7일 크리스마스를 기념하기 위해 몇 달 전부터 자신의 집에서 이곳 랄리벨라까지 순례의 걸음을 하곤 한다.

역사와 배경을 떠나 랄리벨라는 그 모습 자체만으로도 보는 이들을 압도하는 곳이다. 랄리벨라의 암굴 교회와 주변 풍경을 보노라면 마치 에티오피아 기독교 역사의 한순간으로 이동한 듯한 착각이 든다. 아디스아바바와 랄리벨라를 연결하는 에티오피아 국내 항공 노선도 있으니 에티오피아 방문을 고려한다면 랄리벨라의 위대함을 직접 경험해보기를 바란다.

세상에서 가장 뜨거운 땅,
다나킬

다나킬 평원은 최초의 인류인 루시의 유골이 발견된 지역으로 동아프리카 대지구대 위인 에티오피아 북동부와 에리트레아 남부, 지부티 3개국에 걸쳐 조성되어있다. 다나킬 평원은 전 세계에서 보기 드문 지질학적 특성을 지니고 있다. 세 개의 큰 대륙판이 서로 멀어져가는 지각 운동으로 얇아질 대로 얇아진 지면을 뚫고 마그마가 육지로 올라오고 있다.[73]

다나킬 평원에는 마그마가 부글부글 끓는 화산체가 여러 곳 있다. 활화산을 눈으로 관찰할 수 있는 세계에서 몇 안 되는 장소이다. 다나킬 지역은 해수면보다 120미터나 아래에 있는 사막 지대이기 때문에 지열의 영향을 많이 받아 가장 더운 한낮의 기온은 60도, 밤에도 30도 아래로는 잘 떨어지지 않는다.

다나킬 평원으로 향하는 여정

다나킬 평원에 접근하려면 에티오피아 북서부 지역 중심 도시인 메켈레 시가지에서 지프로 이동해야 한다. 다나킬에는 제대로 된 숙소가 없다. 침낭 하나에 의지해 야영해야 하므로 생존에 필요한 물품 위주로 최대한 간단하게 짐을 싸야 한다. 물, 비스킷과 초코바, 휴지, 비상약은 필히 챙겨야 하며 다나킬의 모진 모래바람을 막아줄 바람막이와 모자 또한 필수이다.

메켈레를 떠나 구불구불한 비포장길을 달리다 보면 매우 이국적인 주변 풍경이 눈에 들어온다. 동아프리카 대지구대 협곡을 따라 아파르로 들어서면 넓게 뻗은 지평선이 보이기 시작하는데 이곳에서부터 다나킬 사막이 시작된다. 주변은 온통 바위와 돌뿐이다. 다나킬의 명성에 맞게 매우 척박하다. 등짐을 지고 어디론가 부지런히 이동하는 낙타 행렬이 보이기 시작하면 진짜 사막의 한가운데에 들어선 것이다.

사막에 위치한 소금 호수

다나킬 사막에는 여러 개의 소금 호수가 있다. 홍해에서 유입된 바닷물이 수천 년에 걸쳐 지각 변동으로 빠져나가지 못하고 남아있는 곳이다. 1년 내내 비가 거의 내리지 않는 아파르의

● 낙타 카라반

뜨거운 태양 아래 바닷물이 증발해 생긴 하얀 소금이 층층이 쌓이고 땅을 뒤덮어 광활한 소금사막이 된 곳도 있다.

카룸 소금 호수는 해수면 아래 위치한 다나킬 평원 중에서도 가장 낮은 고도에 위치한 소금 호수로 멋진 경관을 자랑한다. 아프레라 소금 호수는 다른 소금 호수들보다 염분 농도가 높아 이스라엘의 사해처럼 몸이 물 위에 둥둥 뜬다.

이 호수들 근처에는 소금 광산이 있다. 소금 광산에서 나는 소금은 아파르족의 주요 수입원이다. 그러다 보니 6킬로그램 정도 되는 소금판을 등에 지고 끝없는 소금 사막을 가로지르는 낙타 카라반의 길고 긴 행렬을 하루에도 몇 번씩 볼 수 있다.[74]

다나킬에 있는 에르타 알레 화산은 세계에서 가장 오랫동안 분출되고 있는 화산이다. 아파르족 언어로 '연기가 나는 산'이라는 의미인데 그 이름에 걸맞게 화산 지역으로 들어서면 뜨거운 열기와 분화구에서 뿜어져 나오는 수증기의 모습이 압도적이다. 화산에서 흘러 내려온 용암이 굳어 생긴 검은 현무암 지대의 꼭대기에서는 마그마를 볼 수 있다. 벌겋게 달아오른 용암을 볼 수 있는 세계 유일의 장소이기도 하다.[75]

다나킬 평원 내에 위치한 달롤 화산 지대는 '에티오피아의 옐로우 스톤*Yellow Stone*'이라고 불린다. 용암에 포함된 유황이 소금에 달라붙어 형형색색 암염을 형성한 모습을 보고 붙인 이름이다. 달롤 화산은 1926년에 마지막 폭발이 있었던 활화산이다.

오랜 시간의 화산 활동으로 다나킬 지역의 호수에서는 계속해서 유황이 흘러나와 그 주위에 가면 썩은 달걀 냄새 같은 악취가 진동한다. 유황 호수들은 염분이 높은데다 유황 성분 탓에 강한 산성을 띠고 있어 생명이 살아갈 수 없다. 그래서 사람들은 다나킬 지역을 '죽음의 땅'이라고도 부른다. 하지만 무시무시한 이름에도 불구하고 세계 어디에서도 볼 수 없는 경이로운 자연환경을 지니고 있어 세계의 수많은 관광객이 극한의 환경을 감수하고서라도 이곳을 방문하고 있다.

● 달롤 화산 지대

● 에르타 알레 화산

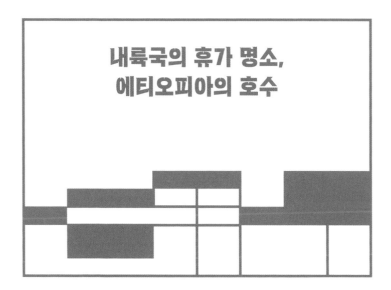

내륙국의 휴가 명소,
에티오피아의 호수

에티오피아는 내륙국이라서 바다를 볼 기회가 흔치 않다. 하지만 바다만큼 커다란 호수가 곳곳에 있어 그 아쉬움을 달래준다.

타나 호수*Lake Tana*

에티오피아에서 가장 큰 호수로 에티오피아 북서쪽에 위치한 암하라주의 주도인 바흐다르에 있다. 넓이가 3,041제곱킬로미터에 달하며 서울 면적(605.2제곱킬로미터)의 다섯 배에 이른다. 실제로 타나 호수 한쪽 끝에서 호수 반대쪽을 바라보면 육지가 아닌 지평선이 보여 바다처럼 느껴진다. 드넓은 호수는 그야말로 자연의 보고이다. 펠리칸이나 플라밍고와 같은 희귀한 새들은 물론 악어와 하마 같은 야생 동물도 볼 수 있다.

타나 호수에서는 겨우 한 사람만 탈 수 있는 파피루스 나무배를 타고 아슬아슬하게 호수를 누비는 현지인들을 만날 수 있다. 호수에 사는 물고기를 잡아 생계를 유지하는 어부들이다. 굉장히 위험해보이지만 이들은 이 배를 타고 평생을 타나 호수에서 고기를 잡으며 살아왔다.

타나 호수가 특별한 또 다른 이유는 호수 곳곳에 자리한 작은 섬에 에티오피아 정교회에서 중요한 의미를 지니는 수도원들이 있기 때문이다. 타나 호수에는 총 37개의 섬이 있는데 이 중 12개의 섬에 수도원이 있다.

이 수도원들은 17세기 무렵 에티오피아에서 세력을 확장하던 무슬림의 탄압을 피해 이곳에 자리 잡았다. 400여 년이 지난 지금까지도 정교회 수도원들은 섬 안에서 그 명맥을 유지하고 있다. 정교회 수도원에 그려진 벽화들은 17세기 무렵 곤다르 문화를 담고 있는 역사적 사료로써 중요한 가치가 있다.

● 타나 호수

● 타나 호수에 위치한 성교회

아디스아바바에서 남쪽으로 약 400킬로미터 떨어진 곳에 위치한 도시로 아바야 호수, 차모 호수 등 40여 개의 크고 작은 호수와 샘이 모여있는 일대를 일컫는다. 암하릭어로 숫자 '40'을 뜻하는 아르바*Arba*와 '샘'을 뜻하는 민치*Minch*가 합쳐진 말로 '40개의 샘'이라는 의미를 갖고 있으며, 동아프리카 대지구대의 지질학적 영향을 받아 생성된 자연 경관을 잘 간직하고 있다.

아르바 민치에 있는 아바야 호수는 엄청난 수의 악어로 유명하고, 작은 섬들이 점처럼 분포되어있는 차모 호수는 어부들에게 다양한 생선을 선물해준다. 사실 아르바 민치는 호수뿐 아니라 우거진 숲과 호수 등 대자연을 만끽할 수 있는 곳이다.

특히 이곳에 위치한 네치사르 국립공원의 울창한 숲에는 84종의 포유류와 342종의 조류가 서식하고 있다.[76][77] 가젤, 얼룩말, 개코원숭이, 자칼, 사자 등은 물론 황새, 펠리칸, 플라밍고, 독수리 같은 새도 볼 수 있는 다양한 생물의 터전이자 거대한 자연의 보고이다. 옛날 에티오피아 사람들은 이러한 네치사르 국립공원 곳곳에 솟은 샘물에 신성한 치유력이 있다고 믿었다.

아와사 호수 *Lake Hawassa*

아와사 호수는 에티오피아 사람들의 단골 휴양지로, 호수 주변에 호텔이나 롯지 같은 숙박 시설이 자리해있다. 이 호수의 색은 우리가 상상하는 휴양지의 파랗고 투명한 색이 아니다. 홍차처럼 약간 붉은 빛의 탁한 흙빛이다.

아와사 호수에는 작은 모터보트를 타고 호수를 둘러보는 코스가 있다. 호수를 다 둘러보는 데 약 30분 정도가 소요된다.

호수에서 관광객에게 가장 인기 있는 동물은 하마이다. 호수 가장자리로 가면 하마 가족들을 만날 수 있는데 수면 위로 눈만 내놓고 눈치를 살피다가 유유히 헤엄치거나 햇볕을 쬐며

● 아와사 호수 풍경

휴식을 취하는 모습이 참 귀엽다. 하지만 하마는 귀여운 생김새와는 달리 예민하고 난폭한 성격이므로 가까이 가거나 자극하지 않는 것이 좋다.

아와사 호수는 민물고기가 가장 많이 잡히는 호수이기도 하다. 바다가 없는 에티오피아에서 민물고기는 유일한 생선 요리 재료이다. 특히 아프리카 토착종 물고기인 나일 틸라피아가 주로 잡힌다. 호수 주변 산책로에는 틸라피아를 포함한 다양한 생선으로 만든 음식을 맛볼 수 있는 식당이 자리 잡고 있다.

데브라자이트 *Debra Zeit*

작은 호수가 여럿 모여있는 휴양 도시인 데브라자이트는 아디스아바바에서 고속도로를 타고 40분가량 이동하면 도착할 수 있다. 암하릭어로는 데브라자이트이지만 오로모어로는 비쇼프트라고 한다. 데브라자이트는 '올리브 산'이라는 뜻이다.

이 도시에는 일곱 개의 호수가 있는데 화산 분화구에 물이 고여 형성된 호수가 대부분이다. 아디스아바바에서 가까워 주말이나 휴가철에는 교외로 나와 휴일을 보내는 사람들로 북적이고 신혼여행지로도 인기가 높다.

최근 들어 데브라자이트 곳곳의 작은 호수 주변에 리조트와 같은 휴양 시설이 잘 조성되었다. 보급형 숙소부터 고급 리조

● 데브라자이트 호수 풍경

트까지 즐비하며 바비큐도 즐길 수 있다. 사람들은 호수에서
수영을 하거나 카누를 타며 시간을 보낸다.

10월 1일 즈음 일곱 개의 호수 중 호라 호수에서는 오로모
족 최대 전통 행사인 이레차 축제가 열린다. 이레차는 서구의
추수 감사절처럼 한 해 동안 하늘의 신 와카^{Waaqa}에게 받은 축
복에 감사하며 풍요를 기원하는 연례 행사이다.

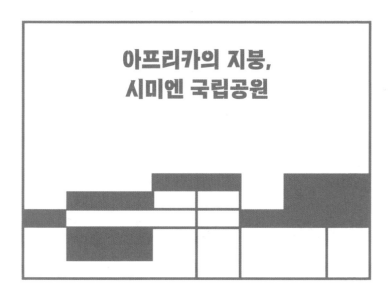

아프리카의 지붕,
시미엔 국립공원

"신들이 체스를 즐기며 놀던 곳"

그리스 시인 호머*Homer*가 시미엔산을 두고 한 말이다. 1969년 국립공원으로 지정되었고 일본 작가 클리브 니콜*Clive Williams Nicol*이 이 산을 '아프리카의 지붕'이라고 표현하면서 유명세를 타기 시작했다.

시미엔산은 아디스아바바에서 북서쪽으로 870킬로미터 떨어진 곤다르 부근에 있으며 산세가 웅장하다. 미국의 그랜드캐니언을 방불케 하는 이곳은 산세가 화려하고 뾰족한 산봉우리와 깊은 계곡으로 이루어져 있어 위에서 보면 마치 체스판 위에 체스 말이 서 있는 것 같은 모습이다.

시미엔 국립공원에는 20여 종의 포유류와 130~200종의 새가 살고 있다. 독특한 생물 다양성이 인정되어 유네스코 세계문화유산에도 지정되었다.

그중에서 왈리아 아이벡스는 사하라 이남 아프리카의 유일한 고유 염소종으로 시미엔산에서만 서식하는 것으로 알려져 있다. 해발 2,300~4,000미터 사이에서 발견되는데 안타깝게도 환경 파괴와 하이에나에 의해 개체 수가 감소되어 2020년 조사 결과에 따르면 약 500마리 정도만 남아있다고 한다.[78]

이 지역에는 왈리아 아이벡스뿐 아니라 희귀한 개과 동물 중 하나인 에티오피아늑대, 큰부리까마귀, 겔라다 개코원숭이 등도 살고 있다. 특히 겔라다 개코원숭이는 시미엔 국립공원에서 가장 쉽게 만날 수 있는 마스코트 같은 동물이다. 이들은 가슴에 독특한 빨간 문양이 있어서 '피 흘리는 가슴을 가진 원숭이'라고 불리기도 한다. 시미엔 국립공원에서 에티오피아늑대를 만난다면 정말 운이 좋다고 할 수 있다. 에티오피아늑대는 국립공원에서도 단 100마리 정도만 남아있는 것으로 알려져 있다.[79]

시미엔산 지역은 동물뿐 아니라 희귀한 식물의 천국이기도 하다. 고산 식물을 포함해 250여 종의 식물이 해발 고도에 따라 포진되어 다채로운 풍경을 만날 수 있다. 척박한 환경에 맞

● 시미엔산 전경

서 자신만의 방식으로 적응한 식물들의 독특한 모습이 인상 깊다. 10미터 높이의 거대한 로벨리아는 시미엔산 고산 식물의 대표적인 특징을 보여준다. 건기와 우기로 뚜렷이 나뉘는 에티오피아의 기후상 건기에는 갈색빛의 산과 들판을, 우기에는 물기를 머금은 푸르른 빛의 시미엔산을 만날 수 있다.

위협받고 있는 시미엔산의 자연환경

시미엔산은 사람들의 발길이 쉽게 닿지 못하는 에티오피아

북쪽에 위치해있어 자연 그대로의 상태가 잘 보존되어있는 편이다. 하지만 각종 벌목과 농업의 잠식, 시골 지역의 인구 감소 등 여러 위험에 직면해있다. 최근 수십 년 사이에 97퍼센트의 고산 식물이 사라졌다는 통계도 있다.[80]

산간 지역의 생태는 기후 변화에 매우 취약해 앞으로 50~90년 후에는 현재 남아있는 식물을 거의 찾아보기 힘들 수도 있다.[81] 빼어난 경관과 독특한 자연환경 덕분에 수많은 관광객이 방문하지만 이러한 관광 산업 또한 자연을 보호하는 데 위협이 된다. 소중한 자연 유산이 잘 보존되어 앞으로도 계속해서 사람들이 시미엔 산의 자연을 즐길 수 있기를 바란다.

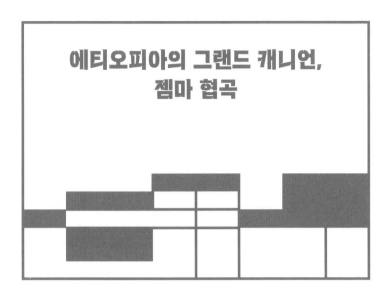

에티오피아의 그랜드 캐니언, 젬마 협곡

이번에 소개할 곳은 역사적인 의미가 크거나 해외에 널리 소개된 관광지는 아니다. 하지만 나에게 있어서 가장 기억에 남는 장소이다. 젬마 협곡 또는 젬마강 협곡이라고 불리는 곳으로, 아디스아바바에서 북쪽으로 200킬로미터 정도 떨어져 있다. 육로로 이동하기 쉬운 지역이어서 여행사에서 당일 여행 코스로 많이 운영하고 있다.

젬마로 가는 길에서 만난 데브라 리바노스

젬마 협곡과 가까운 곳에 데브라 리바노스 사원이 있다. 에

● 젬마 협곡

티오피아 기독교 역사에서 중요한 성 테켈레 하이마노트^{Saing} $^{Tekle\ Haymanot}$가 1284년에 세운 사원으로 지금도 그를 기리기 위해 많은 사람이 이곳을 방문한다. 이곳에 가면 에티오피아 정교회 전통 양식의 건축물은 물론 모자이크로 된 기도원을 구경할 수 있다. 젬마 협곡과 데브라 리바노스 사원은 서로 가까이 있어 대부분 이 둘을 코스로 묶어 여행한다.

만약 에티오피아를 여행할 기회가 있다면 지역별로 유명한 정교회를 방문해보는 것도 좋다. 한국에서도 여행할 때 지역마다 유명한 사찰을 찾아가듯 에티오피아 또한 지역마다 역사와 문화를 간직한 정교회가 있어 에티오피아를 깊이 알아가기에 제격이다.

위대한 자연 경관을 마주할수 있는 협곡

젬마 협곡은 청나일강 지류 중 하나로 깊이가 1킬로미터가 넘는 거대한 협곡으로 이루어졌다. 협곡의 깊이와 넓이가 상당해 '에티오피아의 그랜드 캐니언'이라고도 불린다.

젬마 협곡은 관광객을 위한 트레킹 코스가 잘 마련되어있다. 그중 유명한 코스는 포르투갈 다리를 경유해 폭포를 둘러보는 코스이다. 믿거나 말거나 한 정보이지만 현지 가이드에 따르면 협곡 사이를 이어주는 아치 형태의 오래된 돌다리를 포르투갈 사람들이 만든 것으로 추정되어 이러한 이름이 지어졌다고 한다.

온화한 기후대에 속한 이곳에서는 깊고 넓은 협곡, 푸른 하늘, 선인장, 야생 원숭이가 어우러져 매우 이국적인 풍경이 만들어진다. 우기 끝자락에 방문하면 엄청난 물이 쏟아지는 폭포도 볼 수 있다. 일생일대의 장관이므로 가능하면 이 시기에 맞춰 방문하는 것이 좋다.[82][83][84]

젬마 협곡에서 마주한 은하수

포르투갈 다리 트래킹 코스 진입로에 위치한 에티오-저먼 파크라는 숙소에서의 하룻밤은 가장 기억에 남는 순간이다. 초

● 젬마 협곡의 폭포

● 젬마 협곡의 밤하늘

단위로 쏟아지는 별똥별, 사방을 뒤덮은 은하수, 그 아래 놓여있는 협곡의 대자연. 그날 밤의 풍경을 나는 평생 잊을 수 없을 듯하다. 도시의 분주함에서 벗어나 대자연의 고요 속에 덩그러니 머물던 협곡에서의 경험은 환상 그 자체였다. 이러한 밤하늘을 경험하려면 구름이 청명한 우기의 끝자락이 좋다고 하니 시기를 잘 맞춰 방문해보기를!

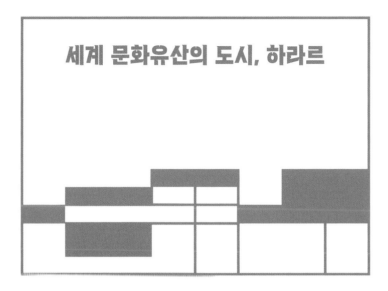

세계 문화유산의 도시, 하라르

　기독교 국가라고 할 수 있는 에티오피아에 5만여 명의 주민 중 90퍼센트가 무슬림인 도시가 있다. 바로 에티오피아 동쪽에 위치한 도시 하라르이다. 프랑스의 유명한 시인 아르튀르 랭보*Arthur Rimbaud*가 평생을 그리워했던 도시로도 유명한 이곳은 에티오피아의 다른 도시와는 사뭇 다른 풍경과 문화가 매력이다. 기독교와 이슬람 문화가 공존하는 지역이어서 특유의 성스럽고도 묘한 활기가 있다.

성벽으로 둘러싸인 도시

하라르의 가장 큰 특징은 성벽으로 둘러싸여 있는 도시의
경관이다. 주골*Jugol*이라고 부르는 이 성벽은 13~16세기 사이
에 건축되었으며 4~5미터 높이의 다섯 개 관문이 있다. 이슬람
도시답게 성 안에는 82개의 모스크와 102개의 성소가 있다.[85]
물론 도시 내에는 에티오피아 정교회도 있고 가톨릭 교회도 있
다. 아프리카와 이슬람 전통이 절묘하게 어우러진 건축 양식과
배치는 하라르만의 독특하고도 진귀한 볼거리이다.

이슬람 성자들의 도시

하라르는 이슬람교에서 네 번째로 성스러운 도시로 '성자들
의 도시'라고 불린다. 특히 에티오피아 무슬림 공동체에게 하
라르는 신앙의 중심지이다. 에티오피아에 이슬람교가 전해진
것은 홍해 건너 예멘에서부터라고 알려져 있는데 아라비아반
도 출신 사람들이 하라르로 넘어와 거주해있기도 하다.

이슬람 문화권이므로 하라르 여성들 역시 히잡을 쓰고 다닐
거라고 생각한다면 오산이다. 하라르 여성들은 전통 이슬람 복
장을 착용하지 않으며 다른 이슬람 여성들에 비해 다양한 역할
을 맡고 있다. 주로 뜨개질이나 바구니 제작, 책 바인딩 같은 수

● 하라르 도시 성벽

공예를 통해 가계 수입의 많은 부분을 책임지는데, 그래서인지
하라르 시내의 좁고 구불구불한 골목길을 걷다 보면 수공예품
상점들을 곳곳에서 만날 수 있다.

하라르에 사는 사람들

　하라르에는 아데레*Adere*라고 불리는 민족집단이 주로 살고
있다. 이들은 결속력이 강하고 자신 외의 다른 민족집단을 배
척하는 경향이 강하다. 하라르 사람들에게 커뮤니티와 조직을
의미하는[86] '아포차*Afocha*'는 서로를 정서적으로 이어주는 중요

● 하라르 수공예품 가게

한 개념으로 결혼식이나 장례식 같은 큰 행사가 있을 때 함께 돕는 것을 말한다. 우리나라도 '계'나 '품앗이'로 집안에 큰일이 있을 때 경제적 심리적으로 도움을 주고받는데 하라르 사람들의 아포차도 이와 비슷한 것이 아닐까 싶다.

하라르의 필수 관광 코스, 하이에나 피딩

하이에나 피딩은 아마도 하라르에서만 할 수 있는 독특한 경험이 아닐까 싶다. 하라르 사람들은 하이에나를 '좋은 미래를 가져다주는 신성한 존재'로 여긴다.[87] 이러한 문화가 하이에나 피딩 투어라는 관광 상품을 만들어냈다.

하이에나 피딩 투어는 보통 밤에 시작한다. 해가 진 후 가이드는 성문 밖으로 관람객을 데리고 나가 휘파람을 불어 하이에나들을 불러 모은다. 이때 나타난 야생 하이에나에게 생고기를 주는 것이다. 목숨을 건 하이에나 피딩은 그 어떤 익스트림 스포츠보다 짜릿하다.

유네스코가 인정한 도시

2006년 하라르는 도시 전체가 유네스코 세계 문화유산으로 지정되었다. 유네스코는 하라르의 사회 문화적 모습에서 이슬람 고유의 가치와 동부 아프리카 지역 문화의 교류를 엿볼 수 있다는 점을 높이 인정해 세계 문화유산으로 등재했다.

기독교 문화의 한가운데서 굳건히 이슬람교와 이슬람 문화를 발전시켜온 하라르 사람들의 노력은 박수 받을 만하다. 앞으로도 하라르만의 고유한 문화가 급속한 현대화로 인해 사라지지 않도록 많은 노력이 필요하다.

랭보가 사랑한 도시, 하라르

나는 지독한 한 모금의 독을 꿀꺽 삼켰다.
나에게 다다른 충고여 세 번 축복받으라!

- 《지옥에서 보낸 한 철, 랭보》 중에서

이 시를 쓴 주인공은 '바람구두를 신은 사나이'라고 불리는 프랑스의 천재 시인 아르튀르 랭보이다. 아르튀르 랭보는 스무 살에 시를 절필하고 평생 세상을 떠돌아다녔다.

그런 그의 발길을 머물게 한 곳이 바로 에티오피아의 하라르이다. 아르튀르 랭보는 당시 유럽인으로는 드물게 에티오피아 현지 주민과 좋은 관계를 유지했고, 하라르 커피를 유럽에 수출할 만큼 장사 수완이 좋았다고 한다. 늘 한곳에 정착하지 못하고 떠돌아다녔지만 하라르에서는 8년이라는 긴 시간을 보내며 이 지역에 깊은 애정을 보였다. 아르튀르 랭보는 후에 무기 거래상으로도 일했는데 그가 판매한 소총과 무기가 1986년 에티오피아 아드와전투에서 요긴하게 쓰였다는 후문도 있다.

오른쪽 다리에 난 종양을 치료하기 위해 프랑스로 돌아왔지만 결국 다리를 절단해야 했고 서른일곱 살의 나이로 숨을 거두기 직전까지 그는 하라르를 그리워했다. 하라르에 가면 그가 머물렀던 2층짜리 목조 주택인 랭보 하우스를 둘러볼 수 있다. 하라르의 전경이 펼쳐진 창가에서 아르튀르 랭보는 어떤 사유를 했을지 문득 궁금해진다.

말도 않고, 생각도 않으리.

그러나 한없는 사랑은 내 넋 속에 피어오르리니,

나는 가리라, 멀리, 저 멀리, 보헤미안처럼.

– 아르튀르 랭보의 시 〈감각〉 중에서

함께 생각하고 토론하기

2007년 에티오피아 정부가 세계 최대의 커피 회사인 스타벅스를 상대로 상표권 분쟁에서 승리를 거둔 사건이 있었습니다. 이 분쟁은 에티오피아 시다모 지역명이 들어간 '서키나 선-드라이드 시다모' 커피를 팔아온 스타벅스가 상표권을 인정해달라는 에티오피아의 요청을 거부하면서부터 시작되었습니다.

에티오피아-스타벅스 논쟁의 핵심은 통상적인 커피 무역의 불공정한 구조와 관련되어있습니다. 기존의 커피 무역 구조는 커피 생산 농가에 낮은 가격으로 원두를 사들이고 스타벅스와 같은 대기업들은 막대한 중간 마진을 남기는 구조가 공고화되어있기 때문입니다.

예를 들어 기업들은 농부를 상대로 커피 원두 1파운드(0.45킬로그램)를 75센트(750원)에 사들인 뒤 26달러(2만 6,000원)에 파는 식입니다. 이와 같은 상황에서 글로벌 대기업인 스타벅스와 에티오피아의 시다모 상표권 관련 분쟁은 세계적으로도 주목을 끄는 뜨거운 이슈가 되었고 결국 에티오피아는 공정무역을 지지하는 글로벌 비영리기구인 옥스팜 등의 지지를 얻어 상표권 분쟁의 승자가 되었습니다.

● 공정무역은 말 그대로 '공정한' 무역을 의미합니다. 에티오피아와 스타벅스 분쟁 사례에서 보듯 비교적 가난하고 소외된 에티오피아의 커피 농부들이 글로벌 시장에서 공평하고 지속적인 거래를 하려면 제도적으로 보완되어야 할 부분이 있습니다. 상표권 등록 외에 에티오피아 농부들의 공정한 시장 참여를 위해 취할 수 있는 조치에는 어떤 것이 있을지 생각해봅시다.

우리에게 에티오피아란

직장 동료로 만난 우리는 에티오피아에 살았던 공통점 덕에 많은 이야기를 나눌 수 있었다. 각자 다른 시기, 다른 상황에 에티오피아로 떠났지만 모두가 공감했던 점이 있다. 우리 모두 아직도 에티오피아를 사랑하고 그리워하고 있다는 사실이다.

에티오피아에서 경험한 서로의 이야기를 나누기에 직장의 점심시간은 너무 짧았다. 그래서 우리는 함께 모여 서로가 경험했던 에티오피아를 공유하고 글로 정리해보자는 결심을 했다. 우리에게 에티오피아는 어떠한 나라이며, 왜 지금도 에티오피아를 이토록 사랑하는지를 이야기하면서 에티오피아에서의 여정을 마치고자 한다.

나에게 에티오피아는 '갈 바를 알지 못하고 나아간' 나라였다. 내가 좋아하는 성경 구절 중 "갈 바를 알지 못하고 나아갔으며"라는 구절이 있다. 자신의 앞날을 계획하지 못하고 나아갈지라도 궁극적으로 본인을 위해 준비된 것들을 마주하게 된다는 의미이다.

스물다섯 살에 단기 선교의 목적으로 1년간 에티오피아를 다녀왔다. 사실 에티오피아가 가고 싶은 1순위 나라는 아니었다. 파라과이나 캄보디아에 가고 싶었지만 어쩌다 보니 '계획에 없던' 에티오피아로 떠나게 된 것이다.

하지만 갈 바를 알지 못하고 떠났던 에티오피아에서 나는 놀랍게도 나를 위해 준비되어있는 수많은 선물을 가득 안고 돌아왔다. 진로에 대한 고민을 하고 있던 그때, 에티오피아에서의 경험을 통해 국제 개발 협력 분야를 알게 되었고 NGO와 사회적 기업을 거쳐 지금은 연구원에서 관련 연구를 하며 아프리카 땅에 대한 비전을 키우고 있다.

당시 20대 중반의 미성숙했던 나는 에티오피아에서 내 반쪽을 만나 결혼을 했고 에티오피아의 언어를 빌려 '꼰죠'라는 태명을 가진 아이를 낳아 지금은 가족을 이루어 어른이 되는 연습을 하고 있다. 그리고 기대컨대 앞으로도 감히 상상도 하지 못했던 선물들이 에티오피아에서의 경험을 통해 채워질 것이라는 확신이 있다. 나에게 에티오피아는 '갈 바를 알지 못하고 마주한' 선물과도 같은 나라이다.

- 이상일

에티오피아에 계신 부모님과 막 통화를 끝내고 이 글을 쓴다. 에티오피아에 대해 전혀 알지 못하셨던 부모님이 머나먼 타국에서 NGO 활동을 하는 딸이 보고 싶어 긴 비행시간을 견

디며 에티오피아까지 오셔서 잠시 머무시더니 이제는 본인들이 자진해서 에티오피아를 방문하신다. 내가 에티오피아를 애정하는 마음보다 부모님이 에티오피아를 바라보는 마음이 더 커진 것 같아 질투(?)도 나지만 그래도 감사하다. 나의 에티오피아 경험이 에티오피아에 대한 긍정적인 관심을 불러일으킨 것 같아 뿌듯하다고 할까.

가끔 생각해본다. 무엇 때문에 내게 에티오피아는 좋은 기억으로 남아있을까? 역시, 사람인 것 같다. 2년 동안 함께 울고 웃으며 일했던 현지 직원들, 프로젝트 대상자로 만난 주민과 아이들, 만나기만 하면 유쾌한 이야기와 표정으로 나를 즐겁게 해주던 현지 친구들, 가족처럼 아껴주고 도와주신 한인분들. 모든 경험은 이런 사람들과 함께라서 가능했고, 이런 분들 덕분에 자신 있게 에티오피아의 좋은 이야기들을 많이 전할 수 있었다. 에티오피아에 대한 궁금증으로 이 책을 읽으시는 독자 분 역시, 이 책에 쓴 우리의 경험을 통해 에티오피아를 좀 더 알고 사랑하게 되는 변화가 되기를 바란다.

- 박한나

비가 오는 날이면 지붕을 타고 떨어지는 빗줄기를 보며 마시던 분나가 그립다. 생각해보면 에티오피아의 일상은 단순했다. 출근하고, 점심 먹고, 분나를 마시고, 퇴근하는…. 점심을 먹고 나면 현지 지원들과 어김없이 들렀던 딘골 분나베트가 있었다. 매캐한 연기를 뿜으며 커피가 끓고 기다림 끝에 분나를 마시면서 이런저런 일상을 나누었다. 그러다가 하늘이 순식간에 새까맣게 변하고 비가 세차게 내리기 시작하면 꼼짝없이 발이 묶이는데 그래도 "찌끄리 옐름!*No Problem!*"이라며 지붕을 타고 처마 밑으로 떨어지는 창밖의 빗줄기를 보면서 도란도란 이야기를 나누다가 비가 그치면 돌아와 일을 마무리하곤 했다. 지금도 비가 오는 날이면 그 딘골 분나베트에 앉아 마시던 커피와 향이 코끝을 맴돈다.

에티오피아에 머물다 한국으로 돌아간 사람들이 하는 말 중 "에티오피아와 한 번 연을 맺으면 꼭 돌아온다."는 말이 있다. 그때는 농담으로 치부했는데 귀국 후 1년 만에 또 에티오피아를 방문한 걸 보면 우스갯소리는 아닌 것 같다.

그 당시 나는 어리고 부족해 즐거웠던 날보다 힘든 날이 더 많았던 것 같은데 에티오피아에서 만난 귀중한 인연이 지금까지 이어지고 있고, 그 시절 내가 겪었던 에티오피아는 정말 단편적이었다는 것을 알게 되었다. 이 글을 쓰면서 에티오피아에 더 깊은 애정을 느낀다. 부족한 나를 품어 성장하게 해준 에티오피아에 감사의 말을 전하고 싶다.

- 이아라

참고 자료

1 Institute of Human Origins, https://iho.asu.edu/about/lucys-story
2 Ishioma Emi, ETHIOPIA TO ADD 4 MORE OFFICIAL LANGUAGES TO FOSTER UNITY, Ventures Africa, 2020.03.04. (https://venturesafrica.com/ethiopia-to-add-4-more-official-languages-to-foster-unity/)
3 설병수. (2010). 에티오피아 종족 연방주의와 종족 갈등
4 https://www.statsethiopia.gov.et/wp-content/uploads/2020/08/Population-of-Towns-as-of-July-2021.pdf
5 Macrotrends, https://www.macrotrends.net/cities/20921/addis-ababa/population
6 World Population Review, https://worldpopulationreview.com/world-cities/addis-ababa-population
7 Kidadl Team, 117 Addis Ababa Facts About The Ethiopian Capital City, Kidadl, 2022.07.08. (https://kidadl.com/fun-facts/addis-ababa-facts-about-the-ethiopian-capital-city)
8 Britannica, https://www.britannica.com/place/Addis-Ababa
9 이해용. (2007). 에티오피아, 13월의 태양이 뜨는 나라 도서출판 종이비행기.
10 윤오순. (2016). 커피와 인류의 요람, 에티오피아의 초대 눌민.
11 박수정, [아프리카 이야기] 에티오피아에는 13월이 있다?, 글로벌리언 매거진, 2017.02.10. (http://www.g-today.co.kr/news/articleView.html?idxno=588)
12 온라인뉴스팀, "1년이 '13개월'인 나라가 있다?", 파이낸셜뉴스, 2011.06.27. (https://www.fnnews.com/news/201106271745580895?t=y)
13 Unicef. (2020). Informing Early Childhood Education in Ethiopia,
14 Stefan Trines, Education in Ethiopia, World Education News+Reviews, 2018.11.15. (https://wenr.wes.org/2018/11/education-in-ethiopia)
15 Central Statistics Agency. (2009) Regional-level gender disaggregated data mining and analysis report
16 Britannica, https://www.britannica.com/place/Ethiopia/Settlement-patterns
17 Rainbow for the Future, https://rainbowftf.ngo/the-ethiopians/life-in-ethiopia/
18 All Good Tales, https://allgoodtales.com/storytelling-traditions-across-world-ethiopia/
19 허장, 리재웅. (2012). 에티오피아의 커피 한국농촌경제연구원.
20 https://en.wikipedia.org/wiki/Economy_of_Ethiopia
21 KOTRA 아디스아바바무역관, 2021년 에티오피아 산업 개관, KOTRA 해외시장뉴스, 2021.09.07.
22 KOTRA 아디스아바바무역관, 아프리카 최대 댐, 에티오피아 르네상스 댐 건설 현황, KOTRA 해외시장뉴스, 2014.02.11.
23 박병수. '나일강 상류' 에티오피아 수력발전 시작…'강 하류' 이집트 강력 반

발, 한겨레, 2022.02.21. (https://www.hani.co.kr/arti/international/arabafrica/1031868.html)

24 African Union Commission, (2021). Africa's Development Dynamics 2021: Digital Transformation for Quality Jobs OECD.

25 UN. (2019). World Population Prospects

26 British Council. (2017). State of Social Enterprise in Ethiopia

27 Giulia Paravicini, Ethiopia's economic reform drive splutters for foreign investors, REUTERS, 2021.06.15. (https://www.reuters.com/world/africa/ethiopias-economic-reform-drive-splutters-foreign-investors-2021-06-15/)

28 ADDIS STANDARD, News: Pizza Hut officially opens in Ethiopia, ADDIS STANDARD, 2018.04.10. (https://addisstandard.com/news-pizza-hut-officially-opens-in-ethiopia/)

29 Nizar Manek, Pizza Hut eyes Ethiopia as African presence grows, Irish Examiner, 2017.04.27. (https://www.irishexaminer.com/business/arid-20448771.html)

30 Mekdi Theodros-Gebreyes, Pizza Hut: A cultural no-go in Ethiopia, Published in The Ends of Globalization, 2021.03.02. (https://medium.com/writ-150-at-usc-fall-2020/pizza-hut-a-cultural-no-go-in-ethiopia-a2d7379a766d)

31 Samuel Bogale, Fast Food Chains Continue to Flourish Despite Raining Living Cost, Addis Fortune, 2021.09.10. (https://addisfortune.news/fast-food-chains-continue-to-flourish-despite-rising-living-cost/)

32 Mekdi Theodros-Gebreyes, Pizza Hut: A cultural no-go in Ethiopia, Published in The Ends of Globalization, 2021.03.02. (https://medium.com/writ-150-at-usc-fall-2020/pizza-hut-a-cultural-no-go-in-ethiopia-a2d7379a766d)

33 PMQ Pizza Magazine, Is Ethiopia Ready for Pizza Hut?, PMQ Pizza Magazine, 2018.04. (https://www.pmq.com/is-ethiopia-ready-for-pizza-hut/)

34 Tesfaye Getnet, Fast food instead of traditional food means poor health, Capital Ethiopia, 2019.07.22. (https://www.capitalethiopia.com/capital/fast-food-instead-of-traditional-food-means-poor-health/)

35 헤로도토스 (2016) 역사, 김봉철 옮김

36 유네스코한국위원회 문화커뮤니케이션팀, 악숨, UNESCO, URL:heritage.unesco.or.kr

37 외교부 주에티오피아 대사관-[역사] 중세에서 근대로 https://overseas.mofa.go.kr/et-ko/brd/m_10383/view.do?seq=1256764&page=4 (2022.7.19. 확인)

38 제바스티안 콘라트, 위르겐 오스터함멜. (2021) 하버드-C.H. 베크 세계사 1750~1870, 이진모, 조행복 옮김, 민음사.

39 김현민, 에티오피아사①…악숨왕조는 솔로몬의 후예인가, 아틀라스뉴스, 2020. 10. 07. (http://www.atlasnews.co.kr/news/articleView.html?idxno=2737)

40 고세진, 모세의 법궤를 둘러싼 3가지 미스테리, 프리미엄 조선, 2014. 08. 01. (http://premium.chosun.com/site/data/html_dir/2014/07/29/2014072902504.html)

41 정인환, '흑인 유대인' 차별 고통, 한겨레, 2005. 03. 17. (https://www.hani.co.kr/arti/international/international_general/19005.html)

42 천소현, 에티오피아②월레카 Wolleka-남겨진 이야기, 트래비, 2016. 08. 11. (http://www.travie.com/news/articleView.html?idxno=19230)

43 Skordilēs, K. G. (2010). Kagnew: The story of the Ethiopian fighters in Korea. 오늘의책.

44 Wikiwand, https://www.wikiwand.com/ko/%EC%97%90%ED%8B%B0%EC%9 8%A4%ED%94%BC%EC%95%84%EC%9D%98_%EA%B5%AD%EA%B8%B0

45 외교부. (2019). 에티오피아 개황

46 최정미, [WIKI 프리즘] 인류역사상 사람들을 가상 많이 죽인 독새사는 누구였을까?, 위키리스크한국, 2018. 07. 09. (http://www.wikileaks-kr.org/news/articleView.html?idxno=30894)

47 노석조, 에티오피아, 공산주의로 20년간 최빈국… 50년 된 학교 칠판도 한국 도움으로 바꿔, 조선일보, 2013. 05. 04. (https://www.chosun.com/site/data/html_dir/2013/05/14/2013051400191.html)

48 The World Factbook. (2022).

49 Britannica (www.britannica.com/place/Ethiopia)

50 The World Factbook. (2022).

51 설병수 (2010) 에티오피아 종족 연방주의와 종족 갈등

52 Amnesty

53 Skordilēs, K. G. (2010). Kagnew: The story of the Ethiopian fighters in Korea. 오늘의책.

54 손원제, (9)마라톤 아베베 비킬라 / 검은 맨발 로마를 정복하다, 한겨레, 1999. 07. 21. (https://www.hani.co.kr/arti/legacy/legacy_general/L78430.html)

55 Steve Landells, Remembering Bikila's 1960 Olympic marathon victory on its 60th anniversary, World Athletics, 2020. 09. 10. (https://worldathletics.org/news/feature/abebe-bikila-1960-olympic-marathon-victory)

56 남도현, '6·25 전쟁' 참전 에디오피아 마라토너, 한국 두 번 살려준 사연, 중앙일보, 2019. 06. 26. (https://www.joongang.co.kr/article/23506925#home)

57 http://www.kmariam.org/eot_hist.htm

58 BBC, Ethiopia's Meskel festival: Bonfires, robes and crosses, 2018. 09. 27. (https://www.bbc.com/news/world-africa-45665901)

59　https://www.ethiopiaonlinevisa.com/ganna-celebrating-christmas/

60　Laura Secorun, Teff could be the next quinoa as Ethiopia boosts exports, The Guardian, 2016.10.14. (https://www.theguardian.com/sustainable-business/2016/oct/14/teff-quinoa-ethiopia-boosts-exports-food-africa)

61　월드투게더 블로그, https://m.blog.naver.com/PostView.naver?isHttpsRedirect=true&blogId=wtngo&logNo=221185469417

62　All Done Monkey, https://alldonemonkey.com/2015/03/23/ethiopian-recipe-for-easter-defo-dabo-bread/

63　James Jeffrey, Ethiopian food: The 15 best dishes, CNN, 2020.10.10. (https://edition.cnn.com/travel/article/ethiopian-food-best-dishes-africa/index.html)

64　Dr. Samuel Mahaffy Blog, http://salaamurbanvillage.org/gursha-the-east-african-ceremony-of-feeding-one-another/#:~:text=The%20East%20African%20ceremony%20of%20Gursha%20is%20the%20practice%20of,Eritrea%20and%20Ethiopia%2C%20East%20Africa.

65　https://forum.duolingo.com/comment/9701832/Amharic-Words-You-ll-Recognise-If-You-Speak

66　Harry Kloman, The Art of the Meal, Ethiopian Food · Mesob Across America, 2014.04.01. (https://ethiopianfood.wordpress.com/2014/04/01/the-art-of-the-meal/)

67　All about Ethio, https://allaboutethio.com/tpaintings.html

68　김지석, [역사 속의 인물] 근대 에티오피아의 설계자 메넬리크 2세, 매일신문, 2012.09.11. (http://news.imaeil.com/page/view/2012091107331943054)

69　Rahel Samuel, Ethiopia: Historical Wonders of Entoto, Ethiosports, 2018.07.04. (https://www.ethiosports.com/2018/07/04/ethiopia-historical-wonders-of-entoto/)

70　Entoto Natural Park Blog, https://www.entoto-natural-park.org/2018/12/the-capital-and-entotos-contemporary.html

71　Michal, Lalibela - "magical" is not enough to describe it, CZAPLICKI TRAVEL, 2017.02.04. (https://czaplickitravel.eu/magical-lalibela/)

72　윤화미, [에티오피아 취재기 ①] 시바 여왕의 땅에서 고대 기독교를 만나다, 데일리굿뉴스, 2014.12.31. (http://www.goodnews1.com/news/articleView.html?idxno=60181)

73　EBS 다큐프라임 블로그, https://m.blog.naver.com/PostView.naver?isHttpsRedirect=true&blogId=ebs_docu&logNo=221554349951

74　한가한 나눔 블로그 https://m.blog.naver.com/PostView.naver?isHttpsRedirect=true&blogId=hsmoon121&logNo=221430012996

75 Global Volcanism Program, https://volcano.si.edu/showreport.cfm?-doi=10.5479/si.GVP.BGVN201707-221080

76 e-VISA ETHIOPIA, https://www.ethiopiaonlinevisa.com/arba-minch-nechis-ar-national-park/

77 Paradise Lodge Arbaminch, https://www.paradiselodgeethiopia.com/index.php?option=com_content&view=article&id=4&Itemid=109

78 IUCN. (2022). The IUCN Red List of Threatened Species. Version 2021-3. https://www.iucnredlist.org

79 Brilliant Ethiopia, https://www.brilliant-ethiopia.com/national-parks/simien-mountains/flora-fauna

80 Unique Wildlife on the Roof of Africa, http://www.simienmountains.org/conservation/challenges

81 Unique Wildlife on the Roof of Africa, http://www.simienmountains.org/conservation/challenges

82 트립어드바이저, https://www.tripadvisor.com/Attraction_Review-g1649024-d10902392-Reviews-Portuguese_Bridge-Debre_Libanos_Oromiya_Region.html

83 Lonely Planet, https://www.lonelyplanet.com/ethiopia/debre-libanos/attractions/portuguese-bridge/a/poi-sig/1423428/1337172

84 https://www.zersiethiopiatours.com/en/itineraries/addis-ababa/debre-libanos-blue-nile-gorge

85 UNESCO World Heritage Centre 1992-2022, https://whc.unesco.org/en/list/1189/

86 https://www.degruyter.com/database/IABO/entry/iab19811133/html

87 BBC, Harar - the Ethiopian city known as 'Africa's Mecca (https://www.bbc.com/news/world-africa-40656946)